500

infos à connaître

LA TERRE

500

infos à connaître

LA TERRE

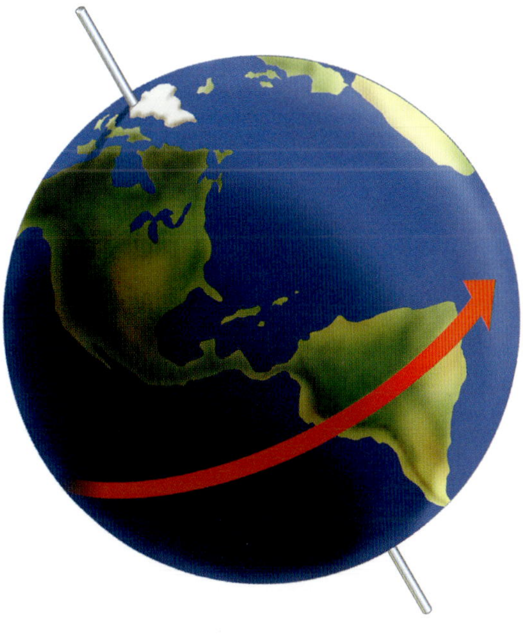

Piccolia

5, rue d'Alembert
91240 SAINT-MICHEL-SUR-ORGE
Dépôt légal : 3e trimestre 2010
Loi n°49-956 du 16 juillet 1949
sur les publications destinées à la jeunesse.
Imprimé en Chine sur papier issu de
forêts gérées durablement.

Remerciements aux artistes qui ont contribué à l'élaboration de ce titre :

Allesandro Menchi, Andrea Morandi, Angus McBride, Chris Buzer, Colin Livingstone, Eric Rowe, Fiona Macdonald, Graham Sumner, Jane Walker, Janos Marffy, John James, Laszlo Veres, Luigi Galante, Mark Davis, Martin Sanders, Mike foster, Mike Saunders, Mike White, Nathalie Coët, Nick Spender, Patricia Ludlow, Peter Dennis, Peter Gregory, Peter Sarson, Philip Steele, Richard Berridge, Richard Hook, Richard Tames, Rob Sheffield, Roger Payne, Roger Stewart, Rudi Vizi, Rupert Matthews, Sally Holmes, Terry Gabbey, Vanessa Card

Sommaire

LA TERRE

Une boule qui traverse l'espace à toute vitesse 8
D'où vient la Terre ? 10
Tournicoti, tournicota 12
Au centre de la Terre 14
Roches en fusion 16
Terre mouvante 18
Des rochers éblouissants 20
Formidables volcans 22
La décomposition des roches 24
La sédimentation 26
La découverte des fossiles 28
La transformation des roches 30
Des montagnes vertigineuses 32
Quand la Terre tremble... 34
Dans les entrailles de la Terre 36
Les trésors de la Terre 38
Fascinants déserts 40
Geysers et sources chaudes 42
Rivières et cascades 44
Des cascades époustouflantes 46
Des lacs surprenants 48
Lacs enchanteurs 50
La planète vivante 52
Des animaux extraordinaires 54
Le monde aquatique 56
Les océans 58
Marées et côtes 60
Dans une mare littorale 62
Vie dans les coraux 64
Nageurs de naissance 66
Gare au requin ! 68
Baleines et dauphins 70
Mammifères marins 72
Reptiles océaniques 74
Voyages au long cours 76
Océans mystérieux 78
Merveilles sous-marines 80
Faune des abysses 82
À tire-d'aile 84

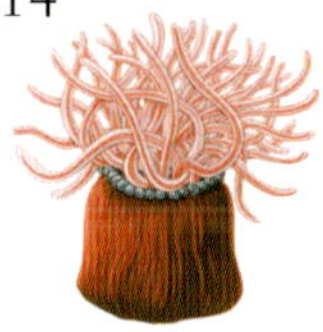

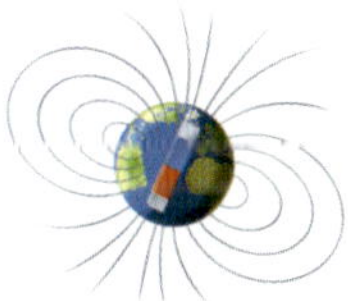

Brrr… quel froid ! 86
Les antipodes 88
Deux saisons et non quatre ! 90
Autour d'un océan de glace 92
Autour d'une terre gelée 94
Qui vit dans la toundra ? 96
L'ours et le loup 98
Les phoques 100
Les baleines 102
Les visiteurs de l'été 104
Un été austral… 106
Les eaux de l'Antarctique 108
Les oiseaux marins 110
Manchots en smoking 112
Les peuples du Grand Nord 114
Vivre dans le froid 116
Merveilles du monde 118
La forêt tropicale 120
Divers types de forêts 122
Où dans le monde ? 124
L'arbre, un espace de vie 126
Incroyable Amazonie 128
Les peuples d'Amazonie 130
Les forêts d'Océanie 132
Magique Madagascar 134
Aventures africaines 136
En Extrême-Orient 138
Les forêts de nuages 140
Des plantes étonnantes 142
Se déplacer 144
Histoires de plumes 146
Un kaléidoscope de couleurs 148
Les clés de la survie 150
Les trésors de la jungle 152
Paradis perdus 154
Une question brûlante 156
Des forêts pour le futur 158
La Terre en danger 160
Terribles tsunamis 162
Il pleut des grenouilles ! 164

Éclairs lumineux 166

Martelé par la grêle 168

Neige et glace stupéfiantes 170

Tornades impitoyables 172

Cyclones ravageurs 174

Que d'eau ! 176

Sécheresses désastreuses 178

Le réchauffement climatique 180

La crise de l'énergie 182

Se déplacer 184

Économie d'énergie à la maison 186

Acheter écolo... 188

Réduire, réutiliser, recycler… 190

Des machines écologiques 192

Les solutions de la science 194

Les problèmes de pollution 196

Attention à nos déchets ! 198

Que faire de nos ordures ? 200

Réduire la pollution 202

La nature en danger 204

Sauver les habitats 206

Dans les jardins 208

Sauver les espèces 210

Les forêts et l'agriculture 212

Qu'en est-il de nos océans ? 214

Les ressources en eau 216

Index 218

Une boule qui traverse l'espace à toute vitesse

1 La Terre est une énorme boule rocheuse qui se déplace dans l'espace à une vitesse approchant les 30 kilomètres par seconde. Sa masse est de 6 000 milliards de milliards de tonnes. Près des deux tiers de la surface de la Terre sont recouverts d'eau, à savoir les mers et les océans. Les parties qui ne sont pas sous les eaux sont les continents. Une couche de gaz, appelée atmosphère, d'environ 700 kilomètres d'épaisseur, entoure la Terre. Elle se compose de plusieurs couches, celle qui contient l'oxygène qui nous permet de respirer n'est épaisse que de 6 à 18 kilomètres. Au-delà de l'atmosphère commence l'espace.

D'où vient la Terre ?

2 Un nuage est à l'origine de la Terre. Les scientifiques pensent que la formation de notre planète, il y a 4,5 milliards d'années, est le résultat d'un immense nuage de gaz et de poussière. Une étoile a explosé à proximité de ce nuage et l'a fait tournoyer. Des gaz se sont accumulés en son centre et ont formé le Soleil. La poussière tourbillonnant à toute vitesse autour du Soleil s'est amalgamée pour former des morceaux de roche. Au fil du temps, les roches sont entrées en collision pour former les planètes. La Terre est l'une d'entre elles.

▶ Les nuages de gaz et de poussière sont constitués des restes de vieilles étoiles qui ont explosé ou qui ont simplement cessé de briller. C'est là que se forment de nouvelles étoiles et leurs planètes.

3 Au commencement, la Terre était très chaude. Les roches entrant en collision se sont agglomérées puis ont fondu sous l'effet de la chaleur au moment de sa formation. La Terre qui venait de se créer était constituée d'un noyau de roches en fusion sur lequel flottait une fine coque résistante formée de matières plus légères.

4 **Un nombre impressionnant de gros rochers se sont écrasés sur la Terre : les météorites.** Elles ont laissé à sa surface des trous ronds, appelés cratères. C'est la même chose sur la Lune ; observe-la avec des jumelles, tu verras les cratères formés par les rochers qui l'ont heurtée.

▶ La Lune a également été heurtée par des rochers qui ont formé d'immenses cratères et des chaînes de montagnes pouvant atteindre 5 000 mètres de haut.

5 **Les mers et océans se sont formés au moment du refroidissement de la Terre.** Les volcans sont entrés en éruption, laissant échapper la vapeur, les gaz et les rochers accumulés au centre de la Terre. Grâce au refroidissement progressif de notre planète, la vapeur s'est transformée en gouttelettes d'eau puis en nuages qui ont déversé, pendant des millions d'années, la pluie nécessaire à la formation des mers et des océans.

▼ Les volcans en éruption et les tempêtes violentes ont participé à la formation de l'atmosphère et des océans. Ceux-ci ont fourni l'énergie nécessaire au commencement de la vie sur la Terre.

INCROYABLE !

Des millions de roches qui fonçant dans l'espace, entrent en collision avec l'atmosphère de la Terre. Parmi ces météorites, seules les plus grosses peuvent causer d'importants dégâts en touchant le sol.

Tournicoti, tournicota

6 La Terre ressemble à une immense toupie. Elle continue de tournoyer puisqu'elle est le résultat d'un tourbillon de gaz et de poussière. L'axe qui passe par ses pôles est incliné sur le plan de l'orbite. Il faut 24 heures à la Terre pour effectuer un tour sur elle-même ; cela correspond à une journée.

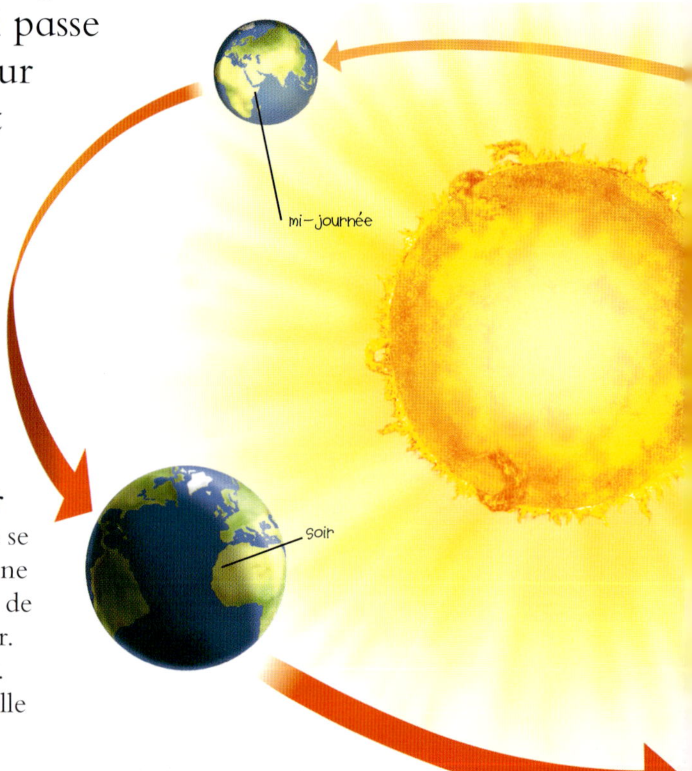

7 La rotation de la Terre explique le phénomène du jour et de la nuit. Chaque face de la Terre se tourne vers le Soleil puis s'en détourne quotidiennement. Lorsqu'une partie de la Terre fait face au Soleil, il fait jour. Lorsqu'elle s'en éloigne, c'est la nuit. Actuellement, chez toi, la Terre est-elle face ou dos au Soleil ?

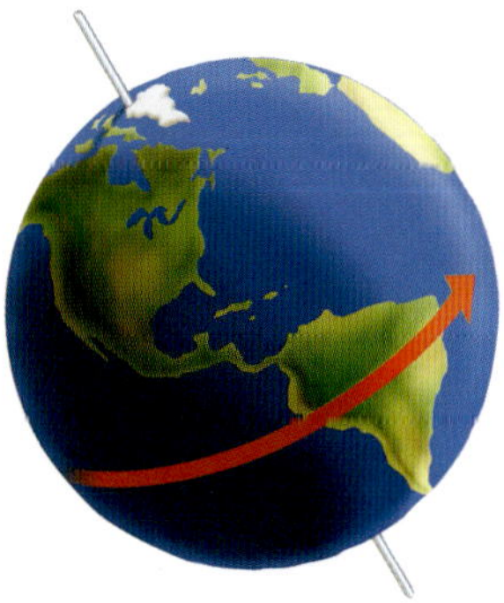

◀ Si tu es dans l'espace et que tu observes une face de la Terre, tu noteras que notre planète tourne de gauche à droite, si tu l'observais du pôle Nord, elle paraîtrait donc tourner dans le sens inverse des aiguilles d'une montre.

8 La Terre tourne sur ses pôles. Les pôles sont deux points situés aux extrémités opposées, à savoir le pôle Nord et le pôle Sud. Ces régions sont si froides qu'elles sont tout le temps recouvertes de glace et de neige.

▲ La Terre tourne autour du Soleil selon une trajectoire appelée orbite. Ce trajet dure une année, pendant laquelle elle tourne 365,25 fois sur elle-même.

▲ Alors qu'une partie de la Terre est dans la lumière du Soleil, l'autre est dans l'obscurité. Le passage à la lumière correspond au matin, le retour à l'obscurité au soir.

FABRIQUE UNE BOUSSOLE

Une boussole sert à indiquer la direction des pôles Nord et Sud.

Tu auras besoin de :

un bol rempli d'eau un morceau de bois
une barre aimantée une vraie boussole

Place le morceau de bois dans l'eau et pose l'aimant dessus. Veille à ce qu'ils ne touchent pas les bords du bol. Lorsque le morceau de bois est immobile, vérifie que la direction indiquée par l'aimant est la même que celle de ta boussole, en prenant bien soin de la placer sur une surface plane. Elle t'indiquera la direction des pôles Nord et Sud.

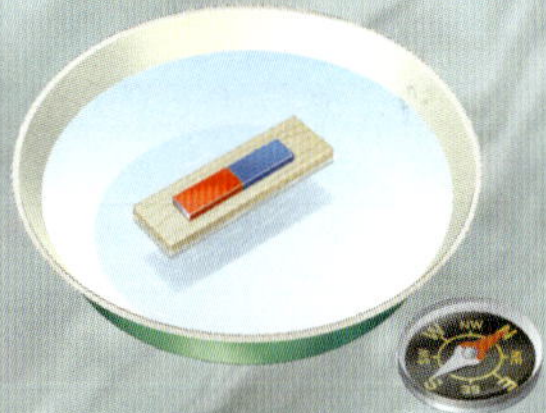

9 La Terre en rotation est pareille à un aimant. La Terre contient du fer liquide qui se comporte comme un aimant, avec un pôle Nord et un pôle Sud. Ce sont ces pôles qui agissent sur l'aimant d'une boussole.

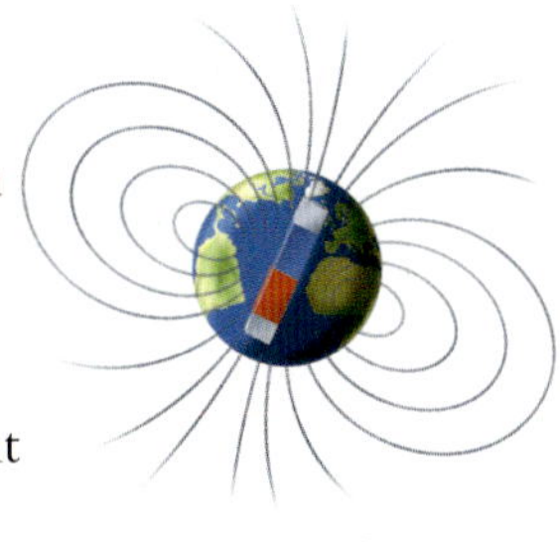

▲ Ces lignes indiquent la puissance d'attraction de l'aimant au cœur de la Terre.

Au centre de la Terre

10 La Terre se compose de différentes parties. Il y a d'abord une fine croûte rocheuse, suivie d'une partie intermédiaire solide (le manteau), puis le cœur appelé noyau. La partie extérieure du noyau est liquide mais l'intérieur est constitué de métal solide.

11 Au centre de la Terre, se trouve une énorme boule de métal : le noyau interne. Celui-ci mesure 2 500 kilomètres de diamètre et est constitué essentiellement de fer ainsi que de nickel en quantité moindre. Il affiche une température incroyable de 6 000 °C, suffisante pour faire fondre les métaux. Ceux-ci restent néanmoins à l'état solide, dans le noyau interne, en raison de la forte pression exercée par les autres parties de la Terre.

12 Autour du cœur de la Terre flotte une couche liquide et chaude de fer et de nickel. Il s'agit du cœur externe, d'environ 2 200 kilomètres d'épaisseur. La boule métallique (noyau interne) et la couche de métal liquide (noyau externe) tournent à des vitesses différentes de celle de la Terre.

▼ Si la Terre pouvait être découpée, voilà ce que tu verrais à l'intérieur. Ses couches successives ressemblent à celles d'un oignon.

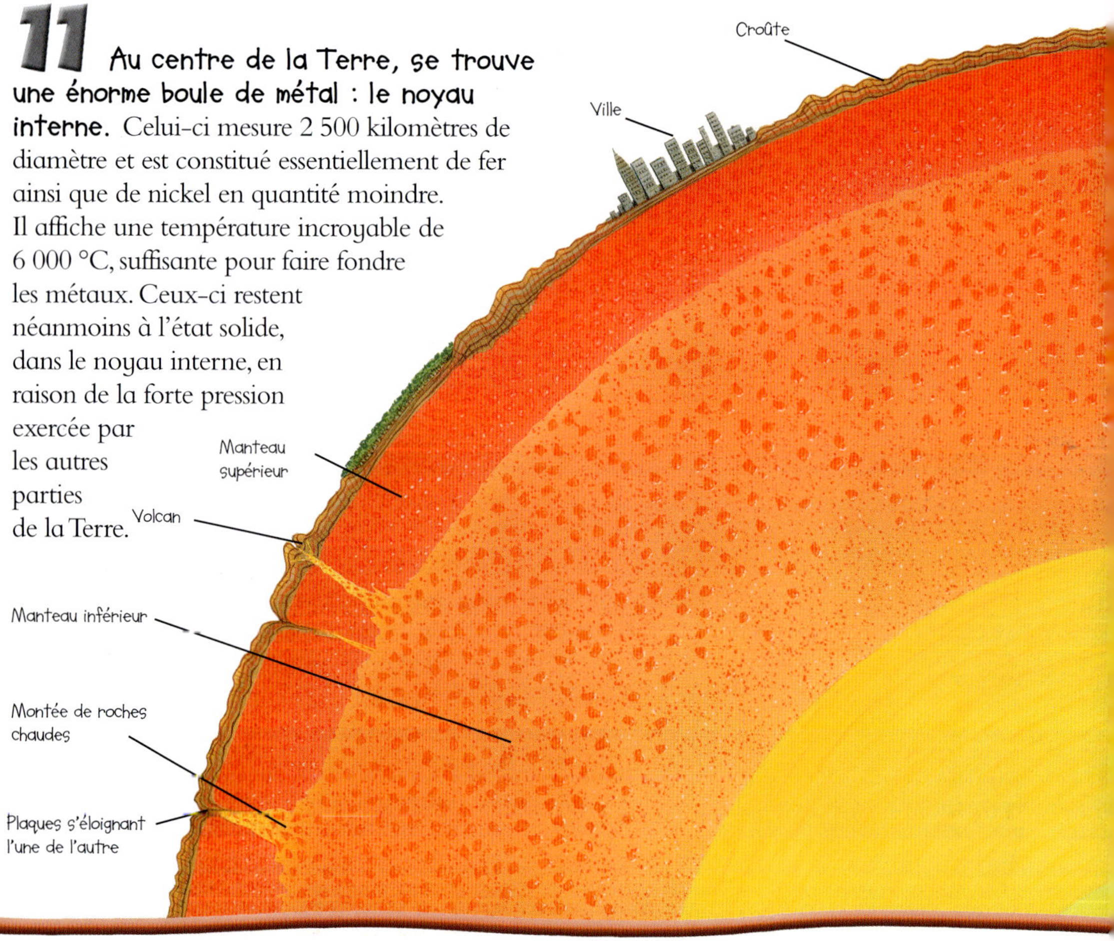

13 **L'élément le plus important de la Terre est le manteau, d'une épaisseur de 2 900 kilomètres.** Cette couche se trouve entre le noyau et la croûte. Le manteau dit supérieur, se trouve à proximité de la croûte et est composé de roches se déplaçant lentement.

14 **La surface de la Terre est recouverte d'une croûte,** continentale, d'une part, mesurant entre 20 et 70 kilomètres d'épaisseur et essentiellement composée de granite, et océanique, d'autre part, d'environ 8 kilomètres d'épaisseur, qui forme le fond des océans et contient principalement du basalte.

15 **La croûte est divisée en immenses dalles, appelées plaques tectoniques,** entièrement ou partiellement recouvertes d'eau. La plaque Pacifique est presque entièrement immergée. Les vastes zones de terre sont appelées continents, au nombre de sept : Afrique, Amérique du Nord, Amérique du Sud, Antarctique, Asie, Europe et Océanie.

16 **Les continents se déplacent, mais très, très lentement.** Le manteau supérieur, légèrement mobile, entraîne les plaques situées à la surface de la Terre. Les continents bougent donc en même temps que ces plaques. Celles-ci, à certains endroits, s'entrechoquent. Ailleurs, d'autres s'éloignent les unes des autres. L'Amérique du Nord s'éloigne de l'Europe de trois centimètres par an !

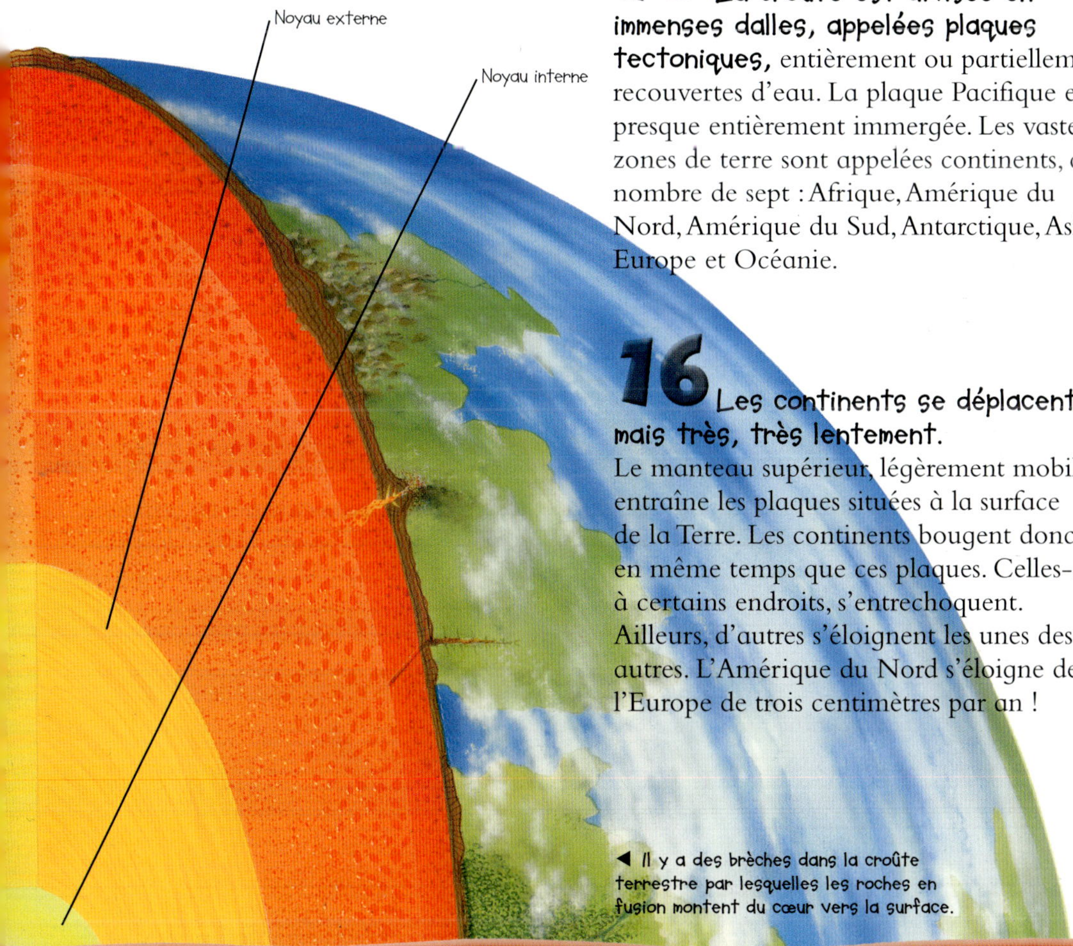

◄ Il y a des brèches dans la croûte terrestre par lesquelles les roches en fusion montent du cœur vers la surface.

Roches en fusion

17 Dans certaines régions, des roches chaudes, à l'état liquide, jaillissent de la surface de la Terre ; il en résulte des volcans. Sous le volcan s'étend un vaste espace rempli de roche fondue (liquide) : il s'agit de la chambre magmatique. La forte chaleur qui y règne entraîne l'émission de gaz. La pression de ces gaz s'accumule à l'intérieur de la chambre puis devient trop forte et libère dans une énorme explosion la lave. La lave, composée de cendre, vapeur et roche en fusion, s'échappe du volcan : c'est une éruption.

▲ Les volcans illustrés sont un volcan en bouclier (en haut), un volcan à cratère (au milieu) et un volcan en cône (en bas).

18 Les volcans, de formes variées, entrent en éruption de différentes manières. La plupart ont un conduit central appelé cheminée qui monte jusqu'à l'évent. Dans d'autres, notamment à Hawaï, il s'échappe de la lave dont les coulées forment un dôme (c'est ce que l'on appelle un volcan en bouclier). Chez certains, la lave est plus épaisse et, lors de l'éruption, les gaz présents dans la lave produisent des explosions et des projections de cendres qui retombent sur le sol à proximité du trou : c'est un volcan en cône. Un caldeira ou volcan à cratère provient de l'explosion de la partie supérieure d'un volcan en cône et de son immersion dans la chambre magmatique.

20 Les roches chaudes n'atteignent pas toujours la surface.

20 Les roches chaudes n'atteignent pas toujours la surface. Les énormes morceaux de roche qui restent coincés dans la croûte sont des batholites ; ils se refroidissent lentement et forment de gros cristaux qui eux-mêmes, lorsque la température a bien diminué, constituent le granite. Au fil du temps, la surface de la croûte peut s'user et laisser apparaître le batholite.

◀ Lorsqu'un volcan entre en éruption, les roches chaudes au cœur de la Terre s'échappent sous forme de rivières de lave, cendres, fumées et projections de morceaux qu'on appelle bombes volcaniques.

FABRIQUE TOI-MÊME UN VOLCAN

Tu auras besoin de :

bicarbonate de soude, une bouteille en plastique, un plateau, une carafe, quelques gouttes de colorant alimentaire rouge, vinaigre, sable

Mets une cuillère à soupe de bicarbonate de soude dans la bouteille en plastique. Place-la au centre du plateau et verse du sable tout autour. Mélange quelques gouttes de colorant alimentaire à une demi-cuillerée de vinaigre. Verse le vinaigre dans une carafe puis dans la bouteille. Après quelques instants, le volcan doit entrer en éruption avec de la lave écumante rouge.

19 Il existe des volcans sous la mer. Lorsque les plaques de la croûte terrestre se séparent, la lave s'écoule des volcans du rift (fossé) pour remplir la brèche. La lave chaude refroidit très rapidement au contact de l'eau de mer et forme des morceaux en forme d'oreiller appelés d'ailleurs lave en oreiller.

Terre mouvante

21 Les roches du Grand Canyon sont vieilles de 2 milliards d'années. Le fleuve Colorado, aux États-Unis, a charrié des tonnes et des tonnes de roches, creusant un profond canyon qui s'étend sur 446 kilomètres de long. À certains endroits, il atteint 1 600 mètres de profondeur et 29 kilomètres de large.

22 Une météorite a creusé un énorme cratère en Arizona. Le cratère de Barringer, aux États-Unis, mesure 1 000 mètres de diamètre et 180 mètres de profondeur. On trouve des éclats de métal et de verre dans un rayon de 100 kilomètres tout autour. Ce sont les vestiges d'une météorite de métal qui a explosé en entrant en contact avec le sol.

▼ Une météorite de métal s'est écrasée en Arizona et a explosé, il y a environ 50 000 ans. Elle a creusé un énorme cratère.

23 Le vent construit des montagnes de sable. La dune du Pilat, dans le bassin d'Arcachon, en France, s'est formée sous l'action du vent. Des particules de sable se sont accumulées sur plus de deux siècles. Elle mesure 104 mètres de haut sur près de 3 kilomètres de long. Comme elle avance vers l'intérieur des terres, on a planté des arbres pour ralentir sa progression.

◀ Le Grand Canyon est l'un des phénomènes naturels les plus exceptionnels. Au coucher du soleil, les roches se colorent de magnifiques teintes de rouges et de bruns dorés.

25 L'Afrique se sépare en deux le long de la vallée du Rift. Une faille géante, de 4 000 kilomètres de long sur 100 kilomètres de large et 2 kilomètres de profondeur, se forme alors que l'Afrique et l'Asie s'éloignent lentement l'une de l'autre. Cette faille permet à des roches en fusion de se soulever de l'intérieur de la terre et de former des montagnes comme le Kilimandjaro.

INCROYABLE !

Avant d'être canalisé, le Colorado charriait 500 000 tonnes de sable et de sédiments par jour, ce qui lui donnait assez de mordant pour traverser les plus solides rochers.

▼ Il faut quatre jours à une équipe d'alpinistes pour faire l'ascension d'El Capitan.

24 Les paysages du parc de Yosemite ont été modelés par la glace. Ce parc national de Sierra Nevada, aux États-Unis, possède les roches les plus surprenantes du monde. El Capitan, par exemple, est un immense bloc de granit très lisse qui se dresse à la verticale sur la vallée. Il a été sculpté par un immense glacier qui l'a poli, comme du papier de verre.

Des rochers éblouissants

26 Le rocher d'Uluru change de couleur au fil du jour. Cette étrange roche perdue d'Australie est un site sacré pour les aborigènes. Autrefois nommé Ayers Rock, ce rocher de grès change de couleur de minute en minute au coucher et au lever du soleil. Les sillons creusés par la pluie et les tempêtes de sable projettent une série d'ombres étranges qui se déplacent avec le soleil.

27 Les roches peuvent former des ponts. Lorsqu'ils ont vu le Rainbow Bridge, dans l'Utah, qui mesure 93 mètres de haut et 85 de long, les Indiens d'Amérique ont cru qu'un arc-en-ciel s'était changé en pierre. Au coucher du soleil, ce pont naturel de grès passe du rose au rouge et au bleu lavande.

▶ Il faut marcher pendant 10 kilomètres pour faire le tour du rocher d'Uluru. Le rocher est percé de cavernes, dont les parois sont souvent couvertes de peintures aborigènes.

28 **D'immenses galeries sont parfois creusées dans la roche.** Les cavernes de Sarawak, en Malaisie, sont gigantesques. La seule grotte du Cerf mesure 100 mètres de large sur 100 mètres de haut et se prolonge sur une longueur de 2 000 mètres. On pourrait y installer plus de 20 terrains de football !

29 **Certaines roches étaient autrefois des arbres.** La forêt pétrifiée près de Winslow, en Arizona, est une ancienne forêt dont les arbres se sont fossilisés dans la boue dans laquelle ils ont été enterrés pendant des millions d'années. Tous les détails sont parfaitement préservés, on voit encore les anneaux de croissance des troncs.

INCROYABLE !

Il y a un désert de sable blanc au Nouveau Mexique, formé de grains de gypse. Les lézards et les souris de la région sont devenus blancs eux aussi pour se fondre dans leur environnement.

Formidables volcans

30 Les volcans fabriquent de jolis trottoirs. La Chaussée des Géants, en Irlande, a été formée par une coulée de lave. Elle s'est refroidie lentement en craquelant, un peu comme de la boue, pour former des dalles hexagonales. La légende raconte que c'est l'œuvre d'un géant qui voulait construire une route pour se rendre en Écosse.

▼ Certaines colonnes de la Chaussée des Géants mesurent 6 mètres de haut.

31 La terre crache parfois de l'eau bouillante. Lorsque la chaleur du noyau terrestre entre en contact avec de l'eau, cela produit des sources chaudes et des geysers. Les sources chaudes de Whakarewarewa, en Nouvelle-Zélande, sont les plus spectaculaires du monde. Les marmites de boues et les bassins bouillonnants sont surmontés par le Pohutu, un geyser qui projette son eau à plus de 30 mètres de haut.

FABRIQUE UN GEYSER

Tu peux créer un geyser en laissant échapper toutes les bulles d'une bouteille d'eau gazeuse en une seule fois. Dehors, secoue la bouteille et ôte la capsule. Regarde comme l'eau jaillit !

▲ Les maisons creusées dans les cônes d'Ürgüp, en Turquie, sont fraîches en été et chaudes en hiver.

32 **On organise des pèlerinages sur le mont Fuji.** Le mont Fuji, la plus haute montagne japonaise, a été formé par des milliers d'éruptions volcaniques, au cours desquelles lave et cendres se sont accumulées. Les temples qui bordent la bouche du volcan hébergent les jeunes aspirants prêtres de la religion shintoïste.

33 **Lorsqu'ils meurent, les volcans laissent parfois des maisons en héritage.** Les cônes de l'Ürgüp sont tout ce qu'il reste d'anciens petits volcans. Leurs couches extérieures se sont érodées, exposant les cônes de lave solidifiée qui constituaient les chambres de l'ancien volcan. On les a creusés pour les transformer en habitations.

34 **Vous pouvez écouter un concert dans la lave.** En s'écoulant de la bouche du volcan, la lave en fusion refroidit à l'extérieur tandis que les couches plus profondes restent liquides. Parfois, cela creuse des cavernes ou des trous dans la roche. À Cueva de los Verdes, dans les îles Canaries, certaines de ces cavernes ont été converties en salle de concert.

▼ Le mont Fuji, dont la dernière éruption remonte à 1707, est visible de Tokyo qui se trouve pourtant à plus de 100 kilomètres.

La décomposition des roches

35 La glace a le pouvoir d'effriter les roches. Par temps froid, l'eau de pluie s'infiltre dans les fissures rocheuses, gèle et occupe donc plus d'espace. La glace pousse sur la roche avec une telle puissance que les fissures éclatent. Avec le temps, une roche peut se briser en milliers de minuscules morceaux.

Roches brisées sous l'action de la glace

Racine d'un arbre se frayant un passage entre les cailloux

36 Des organismes vivants peuvent réduire les roches en morceaux. Parfois, la graine d'un arbre se loge dans une fissure rocheuse. Au fil du temps, l'arbre pousse et ses grosses racines cassent la roche. De petits végétaux appelés lichens se collent à la surface des rochers pour atteindre les minéraux dont ils ont besoin pour vivre. Lorsque des animaux, les lapins par exemple, creusent un terrier, ils sont susceptibles de fragmenter les roches souterraines.

37 Réchauffement et refroidissement successifs peuvent réduire les rochers en éclats. Lorsqu'une roche se réchauffe, elle gonfle légèrement. Lorsqu'elle se refroidit, elle reprend sa taille initiale. Ces variations de température font éclater certaines roches. Parfois, de gros éclats forment des couches semblables à des pelures d'oignon.

▶ Les éclats rocheux se détachent de manière irrégulière et forment des stries à la surface de la roche.

38 Les glaciers disloquent et entraînent les rochers.

Les glaciers disloquent et entraînent les rochers. Les glaciers sont d'immenses zones de glace qui se forment en altitude. Ils glissent lentement à flanc de montagne puis fondent. À mesure que le glacier se déplace, il brise net certaines roches et les entraîne avec lui. D'autres sont pulvérisées et transportées sous forme de gravier et de sable.

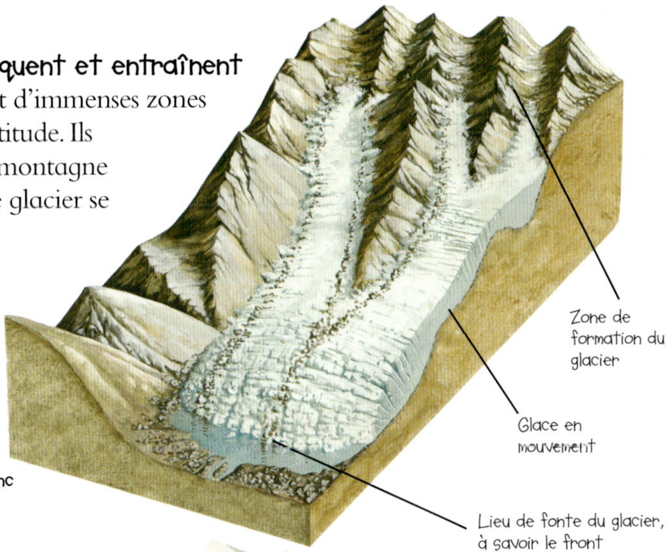

▶ La neige recouvre les cimes montagneuses et s'entasse pour former de la glace. Ainsi naît un glacier qui se déplace lentement à flanc de montagne jusqu'à ce qu'il fonde.

39 Les roches des rivières et des mers s'érodent progressivement.

L'eau s'écoule sur les roches et les use lentement. Le sable et le gravier, présents dans l'eau, polissent aussi lentement la surface des roches. Les minéraux contenus dans ces roches se dissolvent dans l'eau. L'eau minérale que tu achètes est appelée ainsi car elle en est très riche.

INCROYABLE !

Dans une région de Turquie, des cavernes d'habitation ont été creusées dans d'immenses cônes rocheux.

40 Le vent peut réduire une roche en pièces mais c'est un très long processus.

Des vents violents projettent des grains de poussière et de sable contre les rochers et, au fil du temps, en décollent des morceaux. Ils emportent aussi avec eux de minuscules fragments qui sont situés en surface.

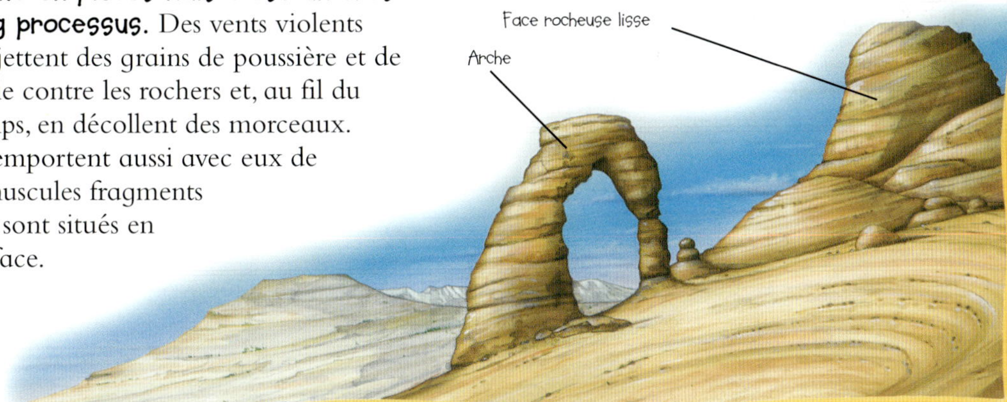

La sédimentation

41 Des pierres de différentes tailles peuvent s'amalgamer pour former une roche. Il y a des milliers d'années, des blocs rocheux, des galets et des graviers se sont déposés sur les rives des mers et des lacs. Ils se sont amalgamés pour former une roche appelée conglomérat. Au pied des falaises, des fragments rocheux se sont accumulés et cimentés en brèche donnant une roche aux éléments anguleux.

▲ Des morceaux de roche peuvent s'amalgamer sous l'action d'un ciment naturel pour former un morceau plus gros, une brèche par exemple.

▲ Un ciment naturel lie les grains de sable entre eux pour former le grès.

42 Le grès peut être issu de la mer ou du désert. Lorsque le sable s'amoncelle en une couche épaisse, les grains sont comprimés et un ciment se forme. Ce dernier amalgame les grains les uns aux autres pour former le grès. Le grès d'origine océanique peut être jaune avec des grains aux arêtes tranchantes. Le grès d'origine désertique peut être rouge avec des grains lisses et arrondis.

43 Si la vase est suffisamment comprimée, elle se transforme en roche. La vase est composée de minuscules particules d'argile et de grains légèrement plus gros appelés limon. Il y a très longtemps, d'épaisses couches de vase se sont formées dans les rivières, les lacs et les océans. Elles se sont comprimées sous leur propre poids pour devenir de l'argilite.

▶ L'argilite est une roche très lisse qui peut être grise, noire, marron ou jaune.

44 Le calcaire est constitué des carapaces

44 Le calcaire est constitué des carapaces de toutes sortes d'animaux marins. Lorsque l'animal meurt, sa carapace se dépose au fond de l'océan. Au fil du temps, les carapaces s'accumulent et se compactent pour former le calcaire. De nombreuses carapaces deviennent des fossiles.

▶ Le calcaire est généralement blanc, crème, gris ou jaune. Les grottes sont souvent dans les régions calcaires.

OBSERVE LE PROCESSUS DE SÉDIMENTATION

Tu auras besoin de :

sable, argile, gravier, une bouteille en plastique, un bol, une tasse, une cuillère à soupe

Mets une cuillère à soupe de sable, argile et gravier dans un bol. Mélange le tout avec deux tasses d'eau puis verse-le dans une bouteille en plastique. Tu devrais voir les cailloux se déposer en couches, les plus petits au fond et les plus gros sur le dessus.

45 La craie est composée de millions de carapaces

45 La craie est composée de millions de carapaces et des restes de minuscules créatures maritimes. Une goutte d'eau de mer contient de nombreux organismes microscopiques (êtres vivants). Certains sont pourvus d'une carapace. Lorsque ces organismes meurent, les carapaces se déposent au fond de la mer et, avec le temps, forment la craie.

INCROYABLE !

On trouve du silex dans la craie et le calcaire. Il y a des milliers d'années, le silex servait à fabriquer des haches, des couteaux et des pointes de flèche.

▲ La plus grosse partie de la craie s'est formée à l'époque des dinosaures mais elle se forme toujours aujourd'hui dans certains endroits de la planète.

La découverte des fossiles

46 Les plus beaux fossiles proviennent d'animaux et de plantes très vite enterrés. Lorsqu'une plante ou un animal meurt, il est généralement la proie d'autres êtres vivants et il n'en reste rien. Si au contraire, il est enseveli très vite après sa mort ou même enterré vivant, il est possible que son corps soit conservé.

▶ C'est le crâne fossile d'un tyrannosaure, un dinosaure qui vivait sur Terre il y a entre 70 et 65 millions d'années.

47 Un fossile est constitué de minéraux. Une plante ou un animal mort peut être dissous par l'eau tout en laissant dans la vase son empreinte qui se remplit des minéraux provenant des roches avoisinantes. Parfois, les minéraux se déposent tout simplement dans le corps de l'animal et le rendent plus dur et plus lourd.

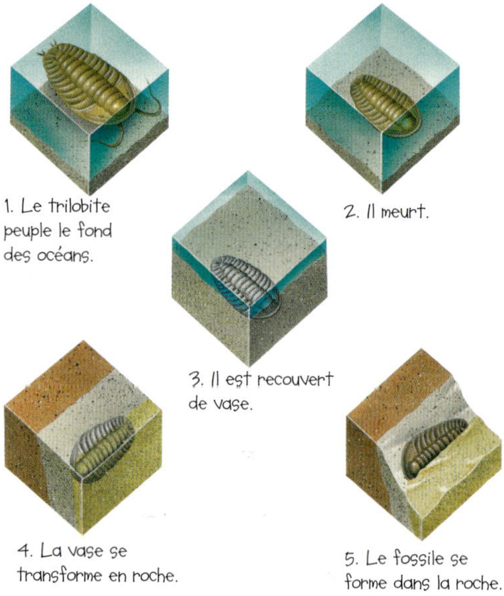

▲ On trouve de nombreux fossiles de trilobites, petites créatures peuplant les océans.

48 Certains fossiles ressemblent à un serpent lové mais ce sont incontestablement des coquillages. Ce sont les ammonites. Leur corps, recouvert d'une carapace spiralée, se décompose. La carapace se fossilise. Les ammonites vivaient dans les océans, à l'époque des dinosaures.

▲ Lorsque cette ammonite était vivante, des tentacules dépassaient de la partie non spiralée de sa carapace.

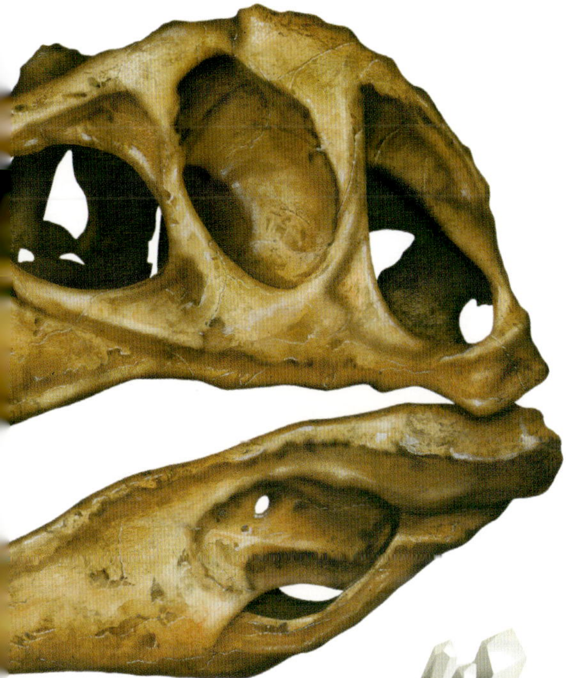

49 Les dinosaures n'ont pas laissé que des os fossilisés.

Certains ont laissé des squelettes entiers. D'autres ne sont connus que grâce à quelques ossements découverts. On a trouvé des dents, de la peau, des œufs et des excréments fossilisés. Lorsque les dinosaures marchaient dans la vase, ils laissaient des empreintes qui se sont également fossilisées. En les étudiant, les scientifiques ont découvert comment et à quelle vitesse les dinosaures se déplaçaient.

50 L'électricité de ta maison provient peut-être de la combustion de fossiles.

Il y a environ 300 millions d'années, le sol était recouvert de forêts et de marécages. Lorsque les végétaux mouraient, ils se déposaient au fond des marécages mais ne pourrissaient pas. Avec le temps, leurs restes ont été comprimés et tellement chauffés qu'ils se sont transformés en charbon. Aujourd'hui, le charbon sert à faire fonctionner les génératrices qui produisent l'électricité.

INCROYABLE !
Certaines bactéries fossilisées datent de plus de trois milliards d'années.

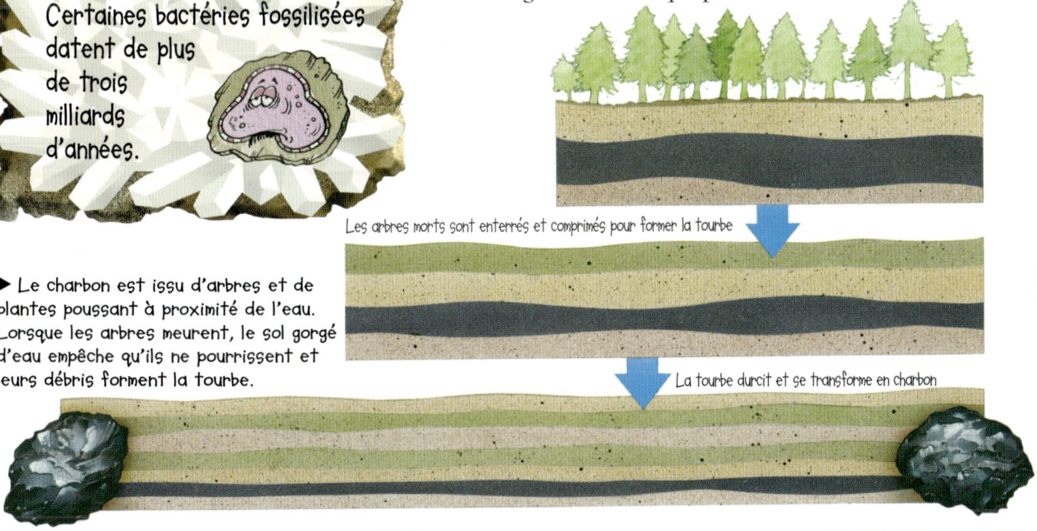

▶ Le charbon est issu d'arbres et de plantes poussant à proximité de l'eau. Lorsque les arbres meurent, le sol gorgé d'eau empêche qu'ils ne pourrissent et leurs débris forment la tourbe.

La transformation des roches

51 Les roches qui constituent la croûte terrestre, peuvent se transformer à nouveau. Cela peut survenir de deux façons : les roches en fusion, parcourant la croûte terrestre, modifie la roche sous l'effet de la chaleur. Ou encore, la croûte elle-même est comprimée et chauffée au moment de la formation de montagnes. Ces deux phénomènes produisent des cristaux issus de nouveaux types de roches.

▶ Certaines couches rocheuses souterraines peuvent se modifier sous l'action de la chaleur.

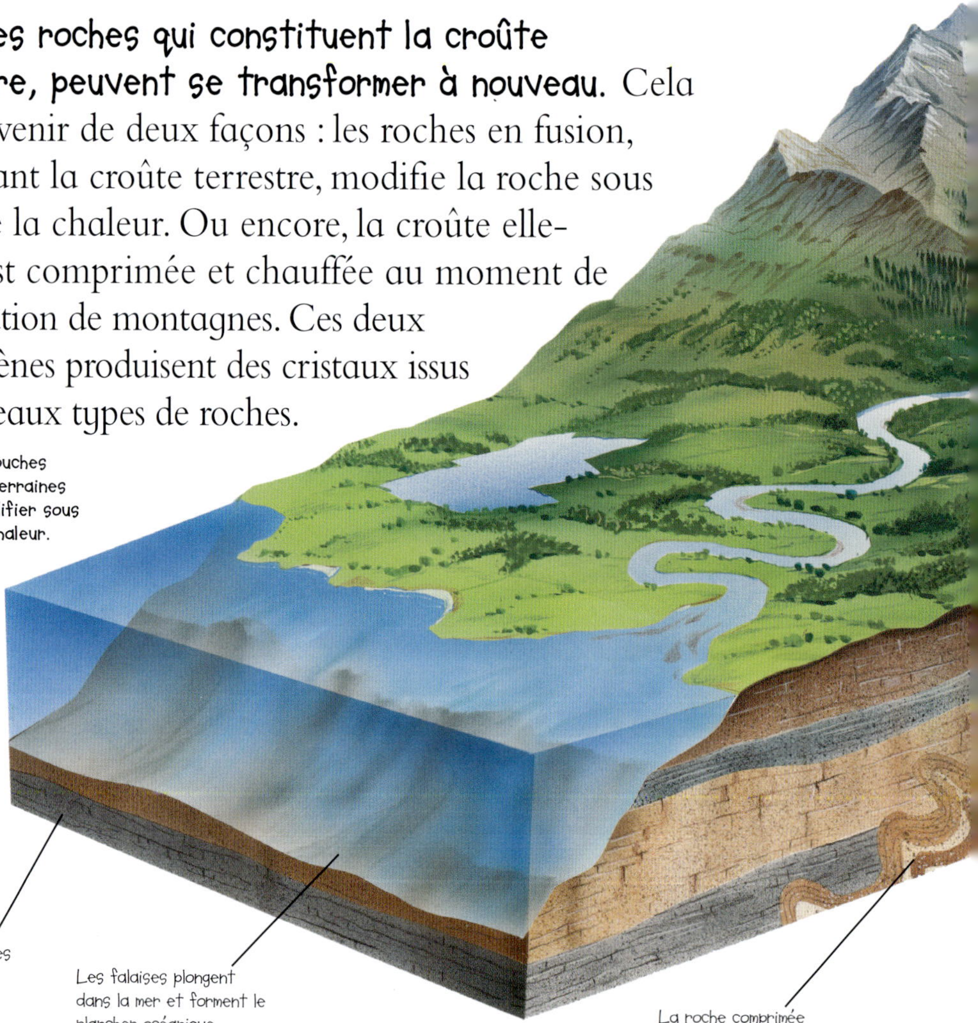

52 Si l'argilite est comprimée et chauffée, elle se transforme en ardoise. Les cristaux s'organisent en couches ; c'est pourquoi l'ardoise est si facile à découper en plaques. C'est un bon matériau pour les toitures. Les plaques lisses servent aussi à fabriquer la base des tables de billard.

54 La roche peut s'orner de rayures lorsqu'elle est chauffée et plissée.

La roche peut s'orner de rayures lorsqu'elle est chauffée et plissée. Elle devient si chaude qu'elle est presque en fusion. Les minéraux qui composent la roche forment des couches ressemblant à des rayures colorées. Ces rayures peuvent être ondulées, indiquant ainsi la façon dont la roche a été plissée. Cette roche est appelée gneiss.

▲ Les rayures du gneiss résultent des couches de différents minéraux.

53 Le calcaire « cuit » au cœur de la Terre se transforme en marbre.

Le calcaire « cuit » au cœur de la Terre se transforme en marbre. Les carapaces qui constituent le calcaire se disloquent sous l'action d'une chaleur intense et se transforment en marbre. Cette roche peut être polie pour la rendre encore plus belle et sert à fabriquer des statues et des objets décoratifs.

QUIZ

1. Si un grès est constitué de grains rouges lisses et arrondis, où a-t-il été formé ?
2. Quelles roches sont formées à partir de carapaces et des restes de minuscules créatures maritimes ?
3. Nomme six sortes de fossiles que peuvent nous laisser les dinosaures.
4. Quelle roche se transforme en ardoise quand elle est chauffée et comprimée ?

Réponses :
1. Dans le désert 2. Calcaire et craie 3. Os, dents, peau, œufs, excréments, empreintes 4. Argile

Des montagnes vertigineuses

55 La Terre est couverte d'une épaisse couche rocheuse appelée la croûte terrestre. Elle peut parfois atteindre 30 km de profondeur. Par endroits, certaines parties de cette croûte (ou écorce) se sont heurtées et soulevées ; elles ont formé des montagnes qui se dressent souvent en une longue ligne (appelée chaîne). Au sommet, le climat y est froid et venteux.

56 Avec une altitude de 8 850 m, l'Everest est le plus haut sommet du monde. Il est situé à la frontière du Népal et du Tibet (Chine), dans la chaîne de l'Himalaya. Le 29 mai 1953, les alpinistes Edmund Hillary et Tenzing Norgay ont été les premiers à atteindre son sommet.

57 La plus grande montagne n'est pas la plus difficile à escalader. C'est le K2, le deuxième plus haut sommet du monde, qui offre le plus de résistance aux alpinistes. Ses pentes escarpées et ses vents violents le rendent terriblement dangereux. Moins de 300 personnes sont parvenues au sommet et plus de 65 y ont trouvé la mort.

▲ En 1953, Edmund Hillary (à gauche) est accompagné d'un sherpa népalais, Tenzing Norgay ; ensemble, ils ont conquis le mont Everest.

▶ L'Everest est si haut que les alpinistes mettent une dizaine de jours pour l'escalader, tout en s'arrêtant en chemin dans des camps de base.

INCROYABLE !

Les montagnes sont gigantesques... Pourtant, elles sont minuscules par rapport à la taille de la Terre. Si on réduisait la planète à la taille d'un ballon de football, elles seraient à peine visibles !

◀ Voici la plus haute montagne de chaque continent (ou sous-continent).

58 La plupart des montagnes ont une forme de cône mais certaines possèdent des parois verticales. La face est de la Tour de Trango (Pakistan) et le mont Thor (Canada) sont hauts d'environ 1 300 m. Ce sont les plus grandes falaises du monde que de nombreux alpinistes essaient de gravir. Si on laissait tomber un caillou de leur sommet, il mettrait plus de 15 secondes avant d'arriver en bas !

59 Certaines personnes ne se contentent pas d'aller en altitude pour réaliser un exploit... elles y vivent ! Cerro de Pasco, au Pérou, est la plus haute ville du monde. Elle est située à une altitude de 4 380 mètres (soit plus de 4 km au-dessus du niveau de la mer) et y abrite près de 80 000 habitants. La plus haute capitale du monde est La Paz, dans les Andes, en Bolivie, bâtie à plus de 3 600 m d'altitude.

▶ Il y a trois types de montagnes : les volcaniques, les plissées et celles à structure faillée.

1. Les montagnes volcaniques se forment lorsque de la lave (roche en fusion) jaillit de la croûte terrestre. En refroidissant, elle forme une couche rocheuse qui s'élève à chaque nouvelle éruption.

2. Les montagnes plissées : lorsque deux plaques de la croûte terrestre entrent en collision, la terre forme des plis, donc des reliefs.

3. Quand la croûte terrestre se craque, elle se sépare en plusieurs morceaux dont certains sont poussés vers le haut. Surélevés par rapport aux autres, ils forment les montagnes à structure faillée.

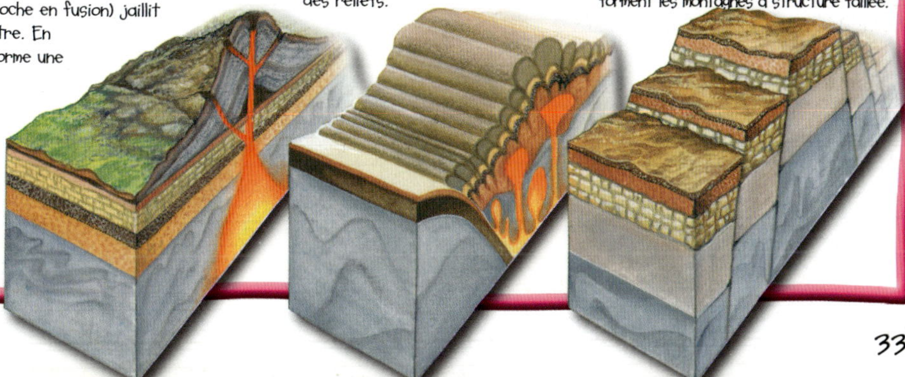

Quand la Terre tremble…

60 **Lorsque la croûte terrestre bouge brusquement, il se produit un tremblement de terre (ou séisme).** En tremblant, l'écorce terrestre s'ouvre, se soulève ou s'enfonce, ce qui provoque généralement d'énormes dégâts : les maisons s'effondrent, les routes se brisent et les ponts sont détruits.

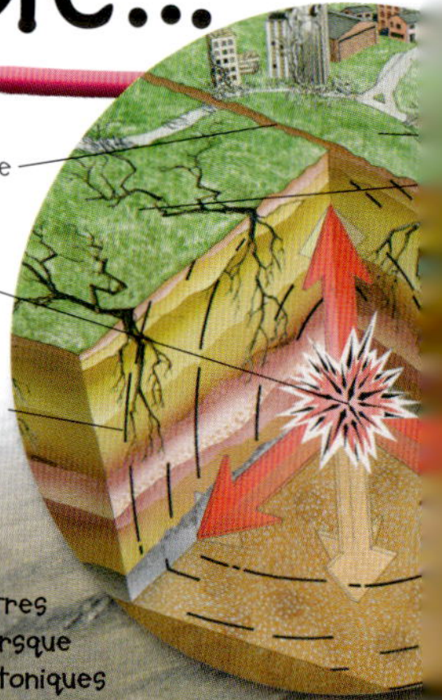

▶ La croûte terrestre peut mesurer 30 mètres d'épaisseur. Lorsque les plaques tectoniques se touchent en surface, elles peuvent provoquer des séismes superficiels où le sol tremble à peine. Mais, lorsqu'elles se heurtent en profondeur, on appelle cela des séismes profonds ; ils font d'énormes dégâts !

61 **La croûte terrestre est un véritable puzzle.** Elle est constituée de grandes pièces (appelées plaques tectoniques) qui bougent tout le temps. Ainsi, elles peuvent s'éloigner ou au contraire, se rapprocher pour former, à long terme, des montagnes. Mais quand elles se touchent entre elles, cela provoque des séismes !

▼ Les ondes d'un tremblement de terre se propagent de différentes manières.

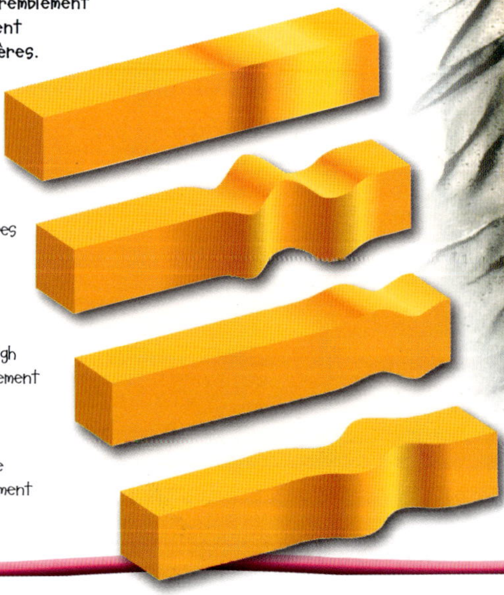

1. Les ondes primaires étirent et compressent le sol.

2. Les ondes secondaires secouent le sol selon des axes horizontaux et verticaux.

3. Les ondes de Raleigh se propagent verticalement en surface.

4. Les ondes de Love se propagent latéralement en surface.

▲ Aux États-Unis, la faille de San Andreas est une fracture de la croûte terrestre qui traverse la Californie du nord au sud sur près 970 km. Elle est à la jonction de deux plaques tectoniques et est responsable de nombreux tremblements de terre.

▶ Les dommages causés par un tremblement de terre à Kobe, au Japon, en janvier 1995. D'une magnitude de 7,2 sur l'échelle de Richter, il a fait plus de 6 000 morts et des centaines de milliers de sans-abri.

64 Parfois, les séismes anéantissent des villes entières et font des milliers de victimes. En 1976, la ville chinoise de Tangshan a vécu le tremblement de terre le plus meurtrier de tous les temps ! La plupart des bâtiments se sont effondrés et on dénombra plus de 240 000 morts. En 2003, un séisme a presque entièrement détruit la cité de Bam en Iran. Environ 42 000 personnes y ont perdu la vie.

62 L'intensité des tremblements de terre se mesure avec l'échelle de Richter. Créée en 1935, c'est une façon de classer la magnitude (quantité d'énergie dégagée) des séismes. Les plus puissants ne sont pas toujours les plus dangereux : tout dépend l'endroit où ils se produisent. Dans une grande ville, un tremblement de terre de 4 ou 5 sur l'échelle de Richter cause plus de dégâts et de victimes qu'un autre de 7 ou 8 à la campagne !

INCROYABLE !

Depuis l'Antiquité, les hommes ont remarqué que les animaux avaient des comportements étranges juste avant l'arrivée d'un séisme. Les chiens ou les chats sont agités et, affolés, les troupeaux de bétail courent dans tous les sens.

63 On peut prendre quelques mesures de sécurité pour se protéger des tremblements de terre. À l'extérieur, il faut se tenir à l'écart des bâtiments et des lignes à haute tension. À l'intérieur, s'abriter sous une table ou dans une cave est conseillé. Il existe aussi des constructions antisismiques.

▼ Les séismes sont fréquents au Japon. C'est pourquoi ces élèves font des exercices pour savoir comment réagir.

Dans les entrailles de la Terre

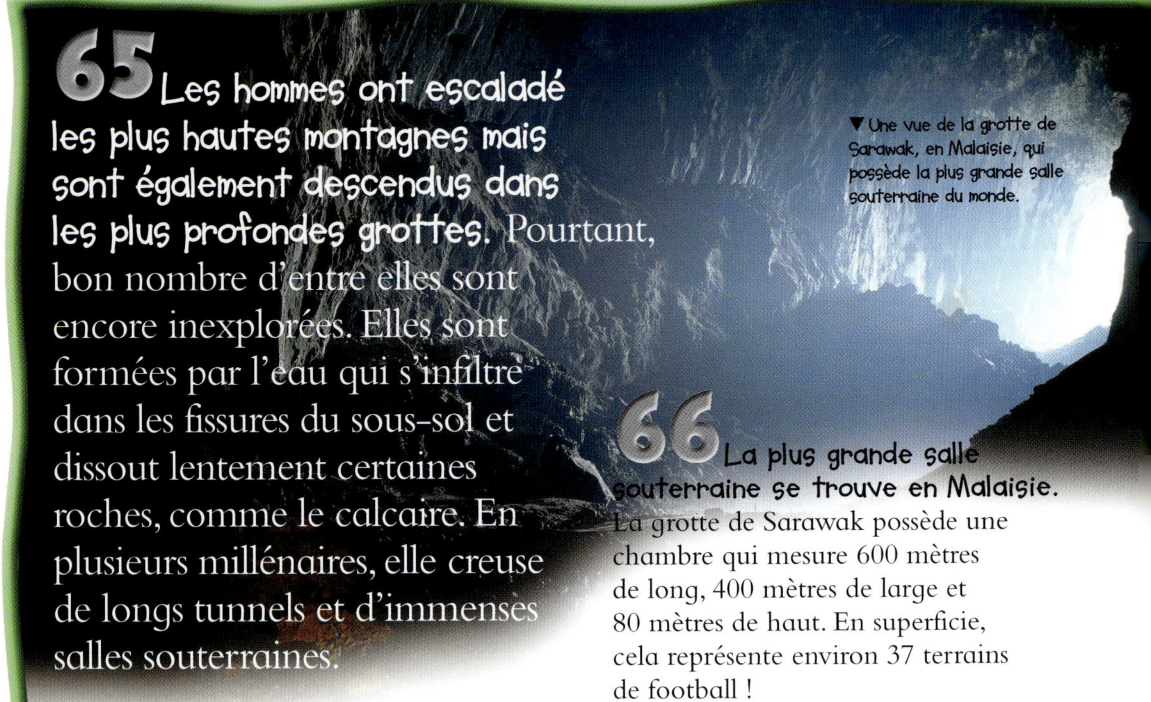

▼ Une vue de la grotte de Sarawak, en Malaisie, qui possède la plus grande salle souterraine du monde.

65 Les hommes ont escaladé les plus hautes montagnes mais sont également descendus dans les plus profondes grottes. Pourtant, bon nombre d'entre elles sont encore inexplorées. Elles sont formées par l'eau qui s'infiltre dans les fissures du sous-sol et dissout lentement certaines roches, comme le calcaire. En plusieurs millénaires, elle creuse de longs tunnels et d'immenses salles souterraines.

66 La plus grande salle souterraine se trouve en Malaisie. La grotte de Sarawak possède une chambre qui mesure 600 mètres de long, 400 mètres de large et 80 mètres de haut. En superficie, cela représente environ 37 terrains de football !

▼ Des spéléologues explorent les nombreuses galeries de Mammoth Cave, au Kentucky.

67 Aux États-Unis, Mammoth Cave possède le plus long réseau de galeries qui soit. On en a recensé au moins 570 kilomètres mais les spéléologues en découvrent toujours de nouvelles ; des experts estiment que plus du double de ce réseau ne serait pas encore exploré ! Mammoth Cave est aussi l'une des plus belles grottes du monde.

▼ Au cours des millénaires, l'eau creuse les grottes en s'infiltrant dans les craquelures du sous-sol.

68 **Le gouffre de Krubera-Voronya, en Géorgie, est la cavité la plus profonde du monde.** En 2007, des spéléologues ont battu un record en s'enfonçant à plus de 2 190 m. Cet exploit n'a pas été facile car à partir de 2 145 m de profondeur, la cavité est pleine d'eau. On appelle cela un siphon. Il leur a fallu donc descendre les parois rugueuses du gouffre avec un équipement spécial et lourd.

69 **Dans la montagne de Naica (Mexique), des mineurs ont découvert une grotte par hasard.** En creusant la roche, ils ont trouvé une chambre recouverte d'énormes cristaux de sélénite (gypse). Pour certains, ils mesurent plus de 2 m de large sur 11 de long !

▶ Un géologue admire la grotte des cristaux de la mine de Naica. Découverte en 2000, elle se trouve à 300 mètres de profondeur.

INCROYABLE !

Le protée est un amphibien de la même famille que la salamandre. Comme il vit dans les grottes obscures, il est totalement aveugle !

Les trésors de la Terre

70 L'or existe sous forme de petits grains, de grosses pépites ou de veines parcourant les roches. On trouve les grains d'or dans le sable du lit des rivières. En revanche, l'argent forme des filons dans la roche. Il est recouvert d'un revêtement terne et ne brille pas comme les bijoux que tu as déjà pu voir.

▲ Les pépites d'or comme celle-ci peuvent être fondues et moulées en bijoux divers et variés.

◀ L'argent sert à fabriquer des bijoux et des objets de décoration.

71 On trouve la plupart des métaux dans des roches appelées minerais. Un minerai est un mélange de différents éléments, dont le métal. Chaque métal a son propre minerai. Par exemple, l'aluminium se trouve dans la bauxite, de couleur jaune. La chaleur est le procédé utilisé pour extraire les métaux de leur minerai. Nous utilisons ces métaux pour fabriquer des milliers de choses différentes, d'une simple montre à un avion gros porteur.

▲ C'est de la bauxite, le minerai de l'aluminium. La chaleur, les produits chimiques et l'électricité sont utilisés pour extraire le métal de la roche. L'aluminium sert à fabriquer toutes sortes de choses, du papier aluminium aux aéronefs.

72 De magnifiques cristaux peuvent naître dans les bulles de lave. La lave contient des gaz qui génèrent des bulles. Lorsque la lave refroidit et se durcit, les bulles créent des petites cavités dans la roche ; ce sont des géodes. Des liquides s'y infiltrent, s'évaporent et de gros cristaux se forment. C'est ainsi que naît la pierre précieuse améthyste par exemple.

▶ À l'intérieur d'une géode, les cristaux, comme ceux de l'améthyste, s'accumulent et s'assemblent pour lui donner une forme parfaite.

◀ Béryl

◀ Émeraude

▼ Diamant

▲ Grenat

▲ Topaze

▲ Il existe plus d'une centaine de pierres précieuses différentes. Certaines sont associées aux mois de l'année et connues sous le nom de « pierres de naissance ». Par exemple, le saphir correspond au mois de septembre.

73 Les pierres précieuses sont des roches de couleur. Elles sont découpées et polies de manière à briller. Nous les utilisons depuis des milliers d'années pour fabriquer des bijoux. Le topaze, l'émeraude et le grenat se sont développés dans des roches chaudes qui sont montées dans la croûte terrestre et se sont refroidies. La plupart existent sous forme de petits cristaux mais le béryl peut être énorme ; le plus gros qu'on ait trouvé mesurait 18 mètres de long ! Le diamant est une pierre précieuse et est l'élément naturel le plus dur qui existe sur Terre.

FABRIQUE DES CRISTAUX À PARTIR D'EAU SALÉE

Tu auras besoin de :
sel de table
une loupe
un bol de couleur foncée

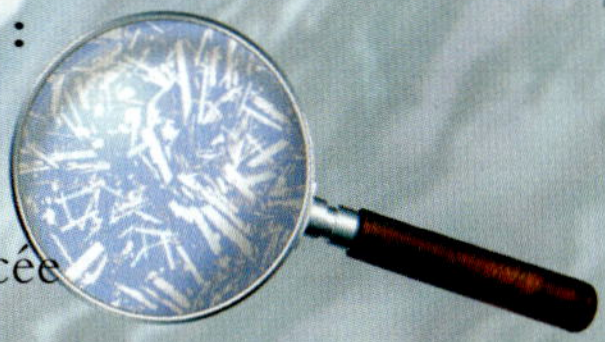

Dissous du sel de table dans de l'eau tiède. Verse l'eau salée dans un bol de couleur foncée. Place le bol dans un endroit chaud de manière à ce que l'eau puisse s'évaporer. Quelques jours après, observe les cristaux à l'aide de ta loupe.

Fascinants déserts

74 **Les déserts sont des régions où il ne pleut presque jamais.** La pluie provient des nuages qui se forment au-dessus de la mer et sont emmenés vers les terres par le vent. Mais, s'ils sont bloqués par de hautes montagnes, ils ne parviennent jamais de l'autre côté. C'est ainsi que se sont formés certains déserts. D'autres se trouvent au milieu des continents, très loin de la mer.

▲ Le désert du Namib, au sud-ouest de l'Afrique, détient le record de la plus grande dune de sable au monde. Elle mesure près de 465 m de haut. Il ne pleut dans cette région que 50 mm d'eau par an. En France, la moyenne est d'environ 590 mm par an !

QUIZ

Parmi ces objets, lesquels te seraient utiles si tu étais perdu dans le désert ?
1. Un miroir
2. Une couverture chaude
3. Un maillot de bain
4. Un parasol

Réponses : 1. pour envoyer des signaux lumineux afin qu'on te repère ; 2. car les nuits sont froides et 4. pour te protéger du soleil.

75 **Le plus grand désert du monde était autrefois un endroit humide.** Le désert du Sahara s'étend sur une grande partie de l'Afrique du Nord. Mesurant 15 fois la surface de la France, il est constitué de dunes de sable (l'erg) ou de roche et de cailloux (le reg). On y trouve quelques oasis autour de sources d'eau douce. Les os d'animaux et des peintures sur des roches retrouvés nous prouvent qu'il y a 6 000 ans, le Sahara était verdoyant. Des bœufs, par exemple, y broutaient l'herbe !

▼ Ces tas de sable montrent la superficie des plus grands déserts chauds du monde.

▲ Les roses des sables sont des pierres qui se forment dans le désert. Elles sont faites d'un mélange de gypse et de sable cristallisé.

77 Les déserts ne sont pas toujours chauds.

77 Les déserts ne sont pas toujours chauds. Si on a relevé des températures de 57 °C en Libye, le jour, il fait toujours froid la nuit car il n'y a aucun nuage pour retenir la chaleur. Par exemple, dans l'Atacama (Amérique du Sud), les températures fluctuent de 30 °C le jour à 0 °C la nuit ! Le désert de Gobi (Asie) est le plus froid : en été, il peut faire 40 °C mais - 40 °C en hiver !

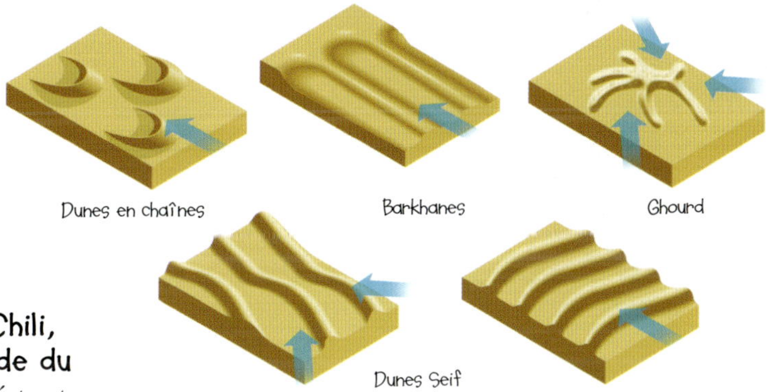

▶ Les dunes de sables ont des formes différentes selon le type de vent et de sable du désert.

76 L'Atacama, au Chili, est le désert le plus aride du monde.

76 L'Atacama, au Chili, est le désert le plus aride du monde. Pourtant, il est situé tout près de l'océan Pacifique. Mais, les vents d'Amérique du sud soufflent d'est en ouest. Les nuages (donc la pluie) arrivent jusqu'à la forêt amazonienne mais ne réussissent pas à franchir la cordillère des Andes. Ce désert est si sec qu'on y a retrouvé des corps momifiés datant de plusieurs millénaires.

78 On trouve de l'eau dans le désert !

78 On trouve de l'eau dans le désert ! Par exemple, les cactus possèdent des tiges épaisses gorgées d'eau ; la surface réduite de leurs feuilles (les épines) évite l'évaporation de leur eau sous le soleil ardent. Lorsqu'il pleut, l'eau s'enfonce dans le sol mais stagne peu profond. Ainsi, les peuples et les animaux du désert mâchent des plantes ou creusent dans le sable pour y trouver de l'eau.

▶ Une oasis est une source d'eau douce au milieu du désert. Elle est formée quand l'eau dans le sol est bloquée par une barrière de roche qui la retient et la fait remonter à la surface.

Geysers et sources chaudes

79 Les sources chaudes existent partout dans le monde. On pourrait croire que l'eau qui coule à l'extérieur est toujours froide… mais il n'en est rien. À certains endroits, elle passe si près des roches à haute température sous la terre qu'elle peut parfois arriver à ébullition, même quand elle sort en surface. Elle forme des lacs de boue (ou mares), des sources (dites thermales) ou des geysers (sorte d'immenses fontaines jaillissant du sol).

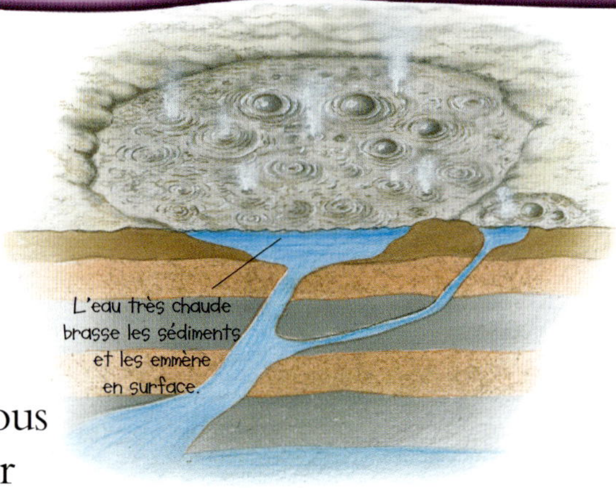

▲ Une mare de boue se forme lorsque l'eau chaude remonte vers la surface en se mélangeant aux sédiments (argile, terre, soufre…) du sol.

▼ Une mare de boue, comme celle près de Mývatn (Islande), est bouillonnante. Certaines mares sont brûlantes, d'autres font des bulles : les gaz contenus dans la terre s'échappent à la surface.

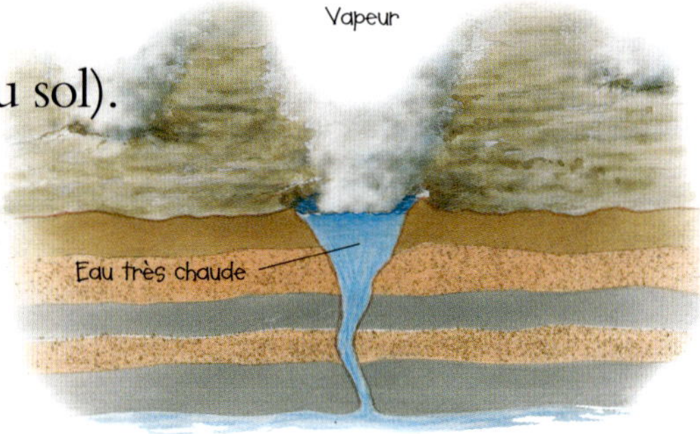

▲ Parfois, l'eau bouillante s'échappe sous forme de vapeur d'eau et de gaz volcanique par des fissures dans le sol : ce sont des fumerolles.

80 Un geyser est une source chaude d'où jaillit une immense gerbe d'eau et de vapeur. Dans le sol, se trouve une chambre remplie d'eau bouillante, chauffée par les roches d'un volcan. Quand l'eau arrive à ébullition, elle est sous pression. Elle remonte à la surface par un trou (colonne) et s'en échappe violemment, accompagnée de vapeur d'eau.

81 **L'Old Faithful est un des geysers les plus célèbres.** Situé dans le parc de Yellowstone (États-Unis), son nom signifie « vieux fidèle ». Il a été ainsi appelé car il surgit à intervalles réguliers, toutes les 93 minutes maximum. Il crache entre 38 000 et 45 000 litres d'eau et son jet peut atteindre 52 mètres de haut, soit la hauteur d'un bâtiment de 15 étages !

82 **Le savon est souvent utilisé pour réveiller certains geysers.** Ce phénomène a été découvert par des personnes faisant leur lessive dans les mares d'eau chaude. En se dissolvant, le savon fait de nombreuses bulles et, mis dans une chambre bouillante, il éjecte l'eau par la colonne !

INCROYABLE !

Les macaques japonais prennent des bains dans les sources thermales. Ils vivent dans les montagnes où l'hiver est très rude et plongent dans les mares d'eau chaude pour ne pas avoir froid.

▲ Strokkur est un geyser islandais. Il jaillit régulièrement toutes les 5 à 10 minutes et projette de l'eau à une hauteur de 25 mètres.

▼ Lorsque l'eau de pluie s'infiltre dans la terre, elle est parfois chauffée par des roches chaudes sous le sol. Elle ressort sous forme de source chaude, de mare ou de geyser.

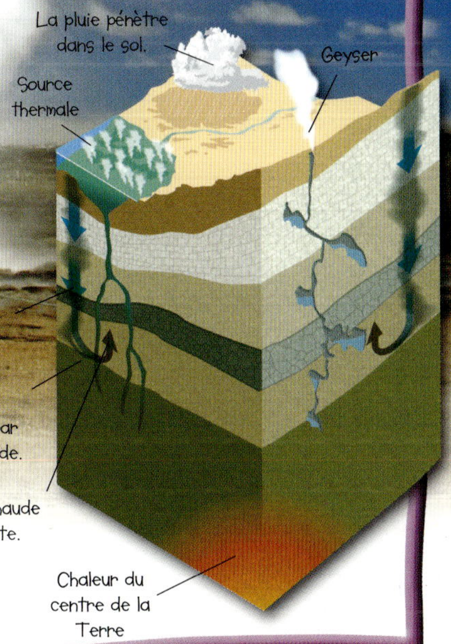

83 Hormis les geysers, les eaux thermales sont utilisées pour soigner les hommes. En effet, depuis la Rome antique, on connaît leur vertu curative pour soulager les rhumatismes ou les voies respiratoires. Certaines sources thermales sont réputées pour leurs couleurs chatoyantes dues à des millions de bactéries vivant dans l'eau très chaude.

Rivières et cascades

84 Des milliers de rivières sillonnent notre planète. Ce sont des cours d'eau qui se jettent dans d'autres pour s'écouler vers la mer. Ils permettent à la pluie tombée sur Terre de s'évacuer. Composées d'eau douce, les rivières abritent de nombreux végétaux, poissons et autres animaux aquatiques. Une cascade se forme lorsqu'un cours d'eau coule sur des roches à pic et tombe beaucoup plus bas.

85 Le Nil, en Afrique, est le plus long fleuve du monde. Il prend sa source près du lac Victoria et traverse l'Égypte en direction du nord pour se jeter dans la Méditerranée. Il parcourt près de 6 700 kilomètres, et, à l'embouchure, son débit atteint 3 470 mètres cubes par seconde. Le Nil est une voie de transport et un lieu de pêche. Son eau irrigue les cultures, nourrissant ainsi des millions d'hommes. Sans ce fleuve, la civilisation de l'Égypte ancienne n'aurait pas pu exister.

86 L'Amazone est le fleuve le plus large du monde. Il traverse le nord de l'Amérique du Sud d'ouest en est et se jette dans l'océan Atlantique. Il transporte 58 fois plus d'eau que le Nil car son débit atteint 200 000 m cubes par seconde. Par endroits, il mesure plus de 80 kilomètres de large.

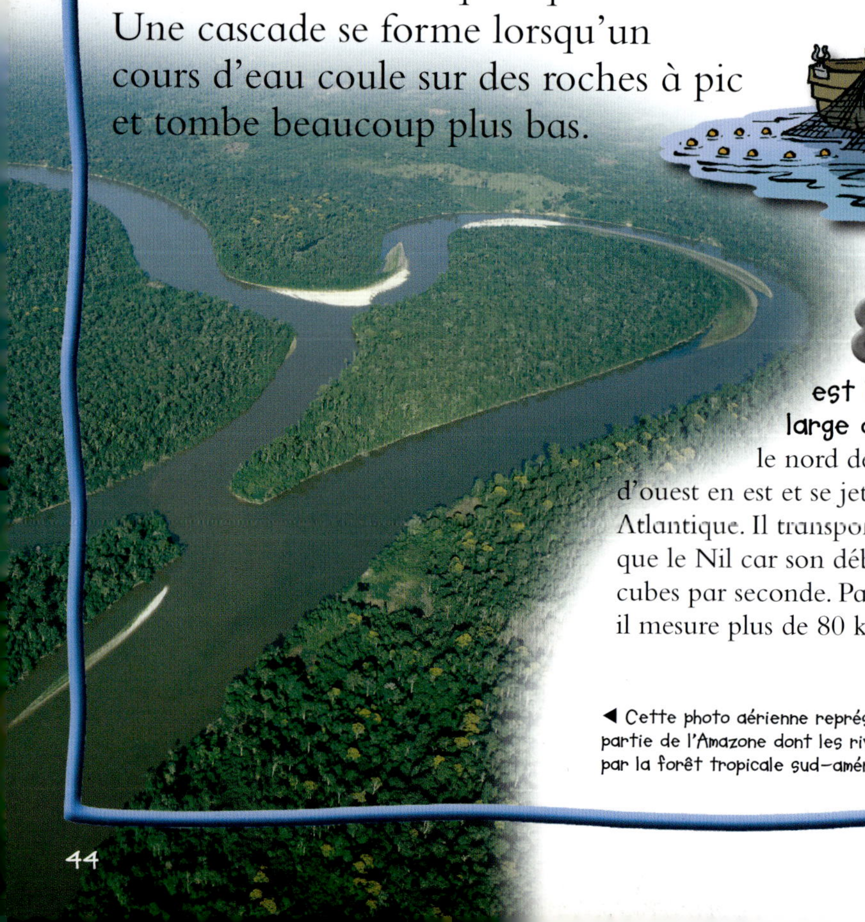

◀ Cette photo aérienne représente une petite partie de l'Amazone dont les rives sont bordées par la forêt tropicale sud-américaine.

▶ En tombant du haut de la falaise, l'eau du Salto del Angel forme une brume d'embruns.

◀ Le fleuve Colorado coule au fond de la gorge du Grand Canyon.

87 Au Venezuela, le Salto del Angel est la plus haute chute d'eau du monde. Son nom signifie en espagnol « saut de l'ange ». L'eau arrive d'un plateau très élevé et tombe d'une hauteur de 979 mètres ! Cependant, ce n'est pas la chute la plus large. Par exemple, celles du Niagara (Amérique du Nord) ou les chutes Victoria (Afrique) le sont beaucoup plus et ont un débit plus important.

88 Les rivières peuvent creuser la roche. Les cours d'eau transportent des particules de roche qui raclent le fond. Si le sol de ce dernier est tendre, l'eau creuse sur plusieurs milliers d'années de profondes vallées appelées gorges ou canyons ! C'est le cas du Grand Canyon (Arizona), façonné par le fleuve Colorado. Il mesure environ 450 km de long, 30 km de large par endroits, avec une profondeur de 1,8 km.

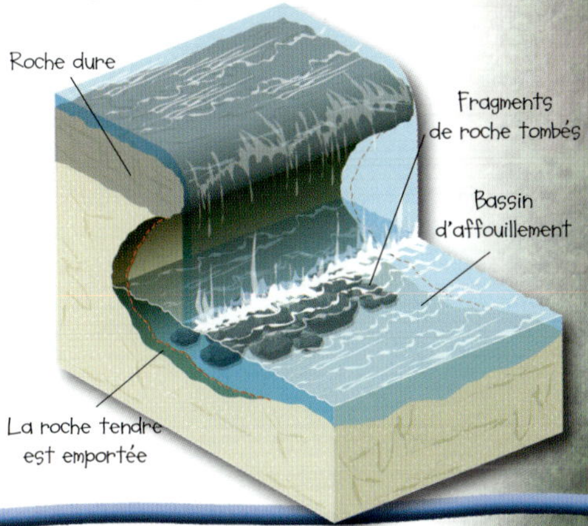

◀ Une cascade se forme lorsque l'eau coule sur de la roche dure puis sur de la roche tendre. Cette dernière s'use (s'érode) plus vite et se creuse, constituant au fil du temps un bassin d'affouillement. Au fur et à mesure que l'eau s'écoule du haut de la cascade, elle fragmente la couche de roche dure en morceaux qui tombent dans ce bassin.

Des cascades époustouflantes

89 Les chutes du Niagara reculent !

Les eaux qui tombent grignotent les roches au passage, si bien que les bords de la cascade s'érodent et finissent par s'écrouler. La chute recule ainsi d'un mètre par an depuis 300 ans. On est malgré tout parvenu à la stabiliser car la nuit, les eaux de la rivière sont dirigées vers les stations hydrauliques pour produire de l'électricité.

▲ Les chutes du Niagara se sont formées il y a environ 12 000 ans. La fonte d'une grande plaque de glace a fait déborder la rivière provoquant cette chute. Aujourd'hui, les chutes du Niagara forment une partie de la frontière entre les États-Unis et le Canada.

90 Il existe une cascade de 1 000 mètres de haut.

90 Il existe une cascade de 1 000 mètres de haut. Au cœur de la forêt tropicale du Venezuela, se trouve une montagne aux flancs escarpés. Les chutes de l'Ange tombent du haut d'une falaise d'une hauteur de 979 mètres. C'est la plus haute cascade d'eau du monde.

◄ Les chutes de l'Ange sont 15 fois plus hautes que les chutes du Niagara. Elles ont été découvertes par Jimmy Angel en 1933.

QUIZ

1. De quelle distance les chutes du Niagara reculent-elles tous les ans ?
2. Où se trouvent les chutes de l'Iguaçu ?
3. Quelle est la hauteur des chutes de l'Ange ?

Réponses :
1. Un mètre 2. En Argentine. 3. 979 mètres.

91 Les chutes de l'Iguaçu créent de merveilleux arcs-en-ciel.

91 Les chutes de l'Iguaçu créent de merveilleux arcs-en-ciel. Elles déversent 12 750 mètres cubes d'eau à la seconde. Elles sont séparées en chutes différentes par une excroissance rocheuse de 4 kilomètres de long. Elles produisent tant d'embruns qu'on y voit toujours plusieurs arcs-en-ciel.

▼ Les chutes de l'Iguaçu marquent la frontière entre l'Argentine et le Brésil.

Des lacs surprenants

92 La mer Caspienne, en Asie, est en fait le plus grand lac du monde. Elle couvre environ 370 000 km². Elle n'est reliée à aucune mer ni aucun océan et pourtant, elle est salée. De ce fait, certains experts affirment que ce n'est pas un vrai lac et préfèrent parler de mer intérieure. Le plus grand lac d'eau douce est le lac Supérieur, en Amérique du Nord.

▼ La mer Caspienne, vue du ciel. Dans l'eau, on aperçoit des formes nébuleuses de sédiments et de plancton (plantes et animaux microscopiques).

93 Au Proche-Orient, la mer Morte est le lac le plus bas du monde. Située à 408 mètres en dessous du niveau de la mer, elle est essentiellement alimentée par un fleuve, le Jourdain. Mais l'eau ne s'en évacue pas par des rivières ou autres. C'est pourquoi, la mer Morte est très salée (6 fois plus que l'océan) : lorsque l'eau s'évapore sous la chaleur du soleil, les minéraux et le sel restent sur place. Aucun poisson ni végétal ne peut y vivre, d'où son nom !

94 Le lac le plus profond du monde est le lac Baïkal, en Russie. C'est le septième plus grand lac mais grâce à sa profondeur par endroits de 1 741 mètres, il contient plus d'eau que les autres. Il renferme à lui seul plus de 20 % des réserves d'eau douce de la Terre !

▲ La mer Morte est si salée qu'un corps humain peut flotter facilement à la surface.

QUIZ

1. Quel est le plus grand lac d'eau douce ?
2. Quel est le lac le plus profond ?
3. Quel est le lac le plus salé ?
4. Dans quel lac vit un monstre ?

Réponses
1. Lac Supérieur ; 2. Lac Baïkal ;
3. Mer Morte ; 4. Loch Ness.

95

L'une des plus grandes réserves d'eau douce du monde se trouve en Amérique du Nord. Les Grands Lacs renferment à eux cinq un cinquième de ces réserves. Leur superficie est d'environ 245 000 km², soit presque la moitié de la surface de la France !

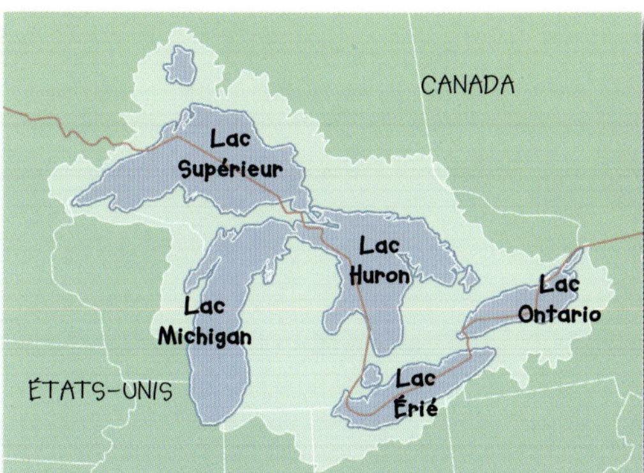

96

Selon une vieille légende, un monstre vivrait dans les eaux noires du lac du Loch Ness ! Baptisé Nessie, il serait cousin du plésiosaure, un reptile marin du temps des dinosaures. Ces derniers ont disparu voici 65 millions d'années mais le monstre, lui, serait encore vivant !
En 1934, un homme l'avait même photographié mais il s'est avéré que le cliché était truqué. Même si ce n'est qu'une légende, de nombreux touristes affluent autour du lac pour essayer d'apercevoir le monstre !

◄ Les Grands Lacs sont situés à la frontière entre les États-Unis et le Canada. Le plus grand est le lac Supérieur, suivi de l'Huron puis du Michigan, de l'Érié et de l'Ontario.

Lacs enchanteurs

97 On trouve parfois des lacs dans des lieux bien étranges. Le lac Crater, dans l'Oregon, est un magnifique lac d'eau bleue cristalline, mais il se trouve au sommet d'une montagne ! Lors de la dernière éruption du vieux volcan Mazama, il s'est créé un cratère de 10 kilomètres de large et 600 mètres de profondeur. L'eau de la fonte des neiges s'y est accumulée et a rempli presque tout le vide.

98 Il existe une île sur un lac, qui se trouve elle-même sur une île sur un lac. Le lac Huron, en Amérique du Nord, possède une grande île, Manitoulin, la plus grande île qu'on puisse trouver sur un lac. Sur cette île, il y a également un lac, le lac Manitou, qui possède lui aussi plusieurs petites îles.

▼ Sur le lac le plus profond des États-Unis, le lac Crater, se trouve un petit volcan, appelé Wizard Island, l'île du sorcier.

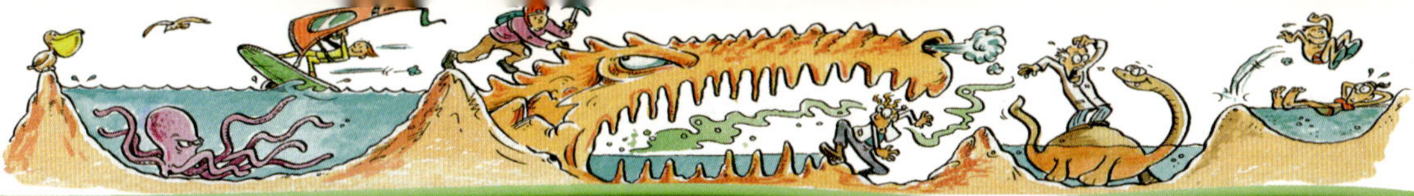

▶ L'eau de la mer Morte est si salée qu'on flotte facilement.

99 Certains lacs sont plus salés que la mer. La mer Morte est en fait un lac du Moyen-Orient situé à 400 mètres en dessous du niveau de la mer. L'eau s'y évapore rapidement, laissant des minéraux, comme le sel. L'eau de la mer Morte est dix fois plus salée que l'eau de mer.

100 Il y a un lac aussi vieux que les dinosaures. Le lac Vostok, près du pôle Sud, est resté enfermé sous les glaces de l'Antarctique pendant des millions d'années. Les scientifiques essaient de forer les 4 000 mètres de glace pour atteindre le lac sans perturber la vie qui pourrait perdurer.

101 Certains lacs sont invisibles. Dans le nord-est de la Namibie, en Afrique, un lac se trouve enfermé sous terre, dans une caverne. La caverne du Souffle du dragon abrite des créatures vivantes. Sans lumière, ces créatures ne disposent, pour seule source d'énergie, que des déjections de chauves-souris. Constamment dans l'obscurité, les animaux et les poissons qui vivent dans ces cavernes sont presque aveugles, mais leurs autres sens sont très développés.

INCROYABLE !

L'unique phoque d'eau douce vit dans les eaux du lac Baïkal.

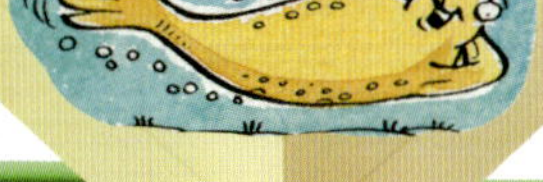

La planète vivante

102 Il existe des millions de formes de vie différentes sur la Terre. Jusqu'à ce jour, aucune trace de vie n'a été découverte ailleurs. Les créatures vivantes subsistent sur notre planète car il y fait chaud, il y a de l'eau et l'air contient de l'oxygène. Si nous découvrions des planètes regroupant ces conditions, la vie pourrait aussi s'y installer.

103 De nombreuses créatures vivant sur la Terre sont minuscules. Si minuscules qu'elles sont invisibles. Le requin-baleine est le plus gros poisson de la planète et pourtant il se nourrit de créatures minuscules ressemblant à des crevettes. Celles-ci à leur tour se nourrissent d'organismes végétaux encore plus petits (le plancton) qui vivent grâce à la lumière du soleil et à l'eau de mer. L'on trouve des bactéries microscopiques dans le sol et même sur ta peau.

▲ Bien qu'étant le plus gros poisson des océans, le puissant requin-baleine se nourrit de plancton et de minuscules créatures ressemblant à des crevettes.

104 Les animaux ne peuvent pas vivre sans les végétaux. Un végétal fabrique sa nourriture à partir de la lumière du soleil, de l'eau, de l'air et des minéraux contenus dans le sol. C'est la photosynthèse. Les animaux sont incapables de fabriquer leur propre nourriture et mangent donc des végétaux. Les autres survivent en s'attaquant aux herbivores ou aux mammifères qui eux, se nourrissent d'herbivores. Bref, si les végétaux disparaissaient de la surface de la Terre, les animaux n'y survivraient pas.

▲ Cette chenille mange autant de feuille que possible avant de se transformer en papillon.

105 L'air aussi peut contenir une multitude d'animaux.

L'air aussi peut contenir une multitude d'animaux. Par une belle journée, des nuées de moucherons rasent le sol. Au printemps et à l'automne, des groupes d'oiseaux partent vers d'autres contrées pour y nicher. Les soirs d'été, les chauves-souris partent à la chasse aux moucherons.

106 De petits animaux ont élu domicile à la surface du sol.

De petits animaux ont élu domicile à la surface du sol. Les souris filent dans l'herbe. De plus gros animaux tels les cervidés se cachent dans les fourrés. L'éléphant est le plus gros animal terrestre. Il n'a pas besoin de se cacher car ils sont peu nombreux à oser s'attaquer à lui.

107 Le sous-sol pullule aussi d'animaux.

Le sous-sol pullule aussi d'animaux. Le ver de terre est un animal très courant ; il se nourrit de plantes pourries. Il est lui-même la proie de taupes qui creusent des galeries dans le sol.

INCROYABLE !

L'extrémité du nez en forme d'étoile de la taupe comporte des capteurs olfactifs qu'elle utilise pour trouver de la nourriture.

Des animaux extraordinaires

108 Le monarque parcourt 3 000 kilomètres. Ce papillon d'Amérique du Nord fait un long voyage pour passer l'hiver au chaud. Il quitte les forêts du Nord pour se réfugier en Californie du Sud et au Mexique. Au printemps, il retourne vers le Nord, pond ses œufs en chemin et meurt. Les jeunes poursuivent le voyage pour arriver dans la forêt en été.

▲ On trouve des monarques dans différentes parties du monde, mais ce sont les monarques d'Amérique qui font le plus long voyage.

109 Sur Christmas Island, dans l'océan Indien, deux fois par an, la terre devient toute rouge. Les crabes rouges des forêts migrent vers la côte pour pondre leurs œufs dans l'eau. Ils sont si nombreux qu'ils recouvrent tout le sol. Quelques mois plus tard, les petits font le chemin en sens inverse.

▲ Après leur long périple, les crabes rouges doivent vite plonger dans l'eau pour éviter de se déshydrater.

▶ Ce polype s'est construit un petit socle de calcaire pour s'y abriter, comme un escargot dans sa coquille.

110 Les barrières de corail sont visibles de l'espace.

La grande barrière de corail longe la côte nord-est de l'Australie sur 2 000 kilomètres. Elle est formée de millions de polypes qui mesurent moins d'un centimètre. Sur une période de 20 millions d'années, ces minuscules animaux ont créé un monde merveilleux que l'on voit de l'espace.

111 Les termites disposent de la climatisation.

Les colonies de termites sont souvent hors de vue, mais certaines dépassent du sol pour former d'étranges monticules. En Australie, on trouve de très nombreux nids. Les scientifiques pensent que les termites utilisent l'énergie solaire pour faire circuler de l'air frais à l'intérieur de leur nid.

▶ Les nids de termites sont construits de manière à maintenir un juste équilibre d'air et d'humidité, idéal pour préserver la fraîcheur.

INCROYABLE !

Les créatures marines pondent souvent des millions d'œufs car beaucoup se font manger par les prédateurs.

Le monde aquatique

112 **Les océans couvrent les deux tiers de la surface de la Terre,** soit environ 362 millions de kilomètres carrés. On en distingue quatre – les océans Atlantique, Pacifique, Indien et Arctique – tous inter-communicants. Les plus grandes masses de terres émergées constituent ce qu'on a appelé les continents.

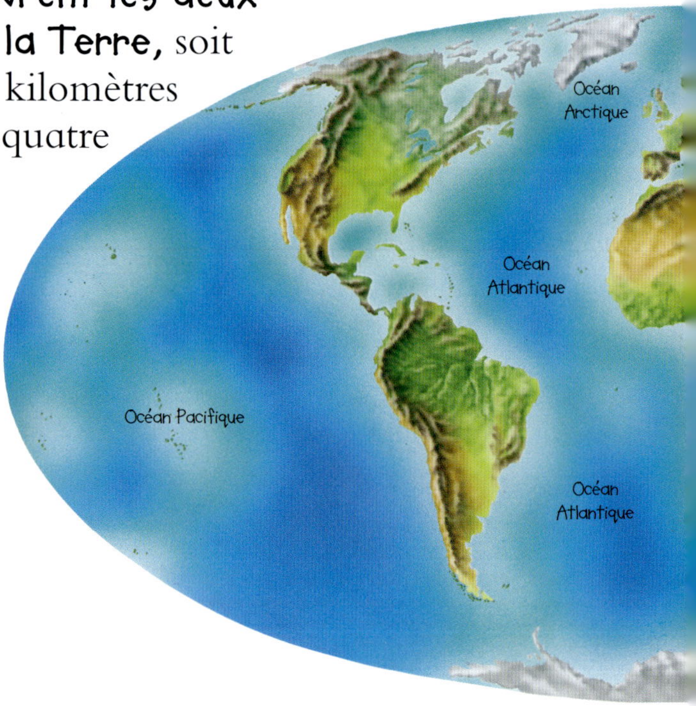

113 **L'océan Pacifique est le plus vaste et le plus profond.** Sa surface est aussi grande que celle des trois autres océans réunis ! La plus haute montagne du globe, l'Everest, disparaîtrait entièrement aux endroits les plus profonds du Pacifique.

▶ L'altitude du point culminant de l'Everest est de 8 850 mètres. Le Pacifique est par endroits profond de plus de 10 000 mètres.

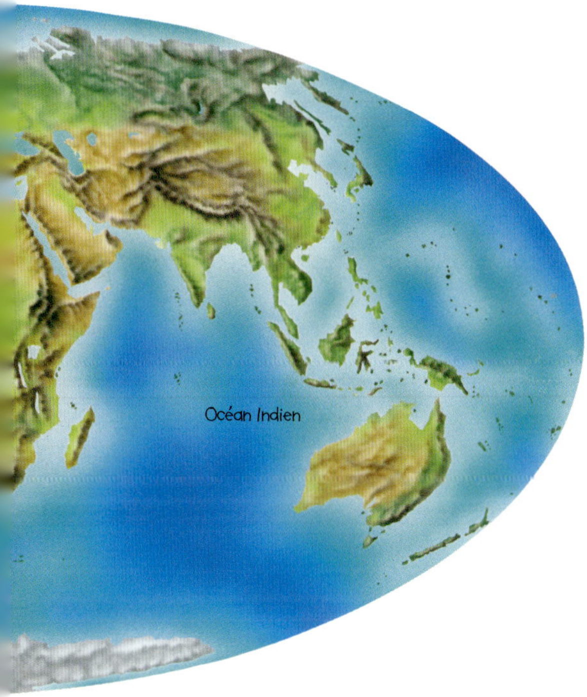

▲ Les océans couvrent la plus grande partie de la planète. Chaque océan compte plusieurs parties appelées mers.

114 Il y a des courants dans les océans.

Leur eau est toujours en mouvement, mais en divers endroits elle forme des courants. Un des plus connus est le Gulf Stream, un courant chaud de l'Atlantique qui adoucit le climat de l'Europe occidentale.

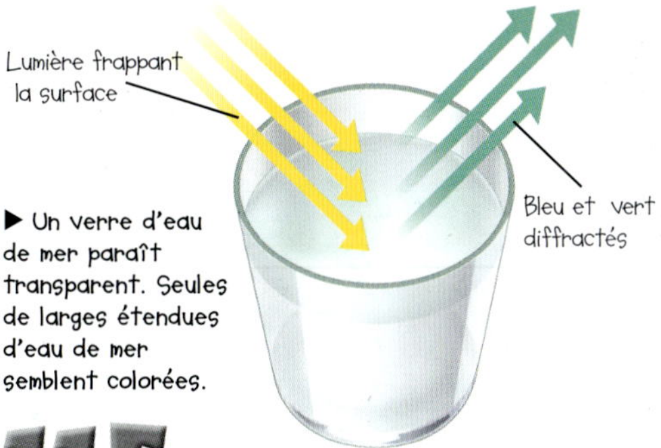

▶ Un verre d'eau de mer paraît transparent. Seules de larges étendues d'eau de mer semblent colorées.

115 Les océans semblent bleus, verts ou gris.

L'eau absorbe les composants rouges de la lumière solaire et diffracte ceux qui sont bleus et verts. La couleur apparente de la mer est composée de diverses nuances de bleu ou de vert.

116 Mer Rouge et mer Morte.

Une mer est souvent une partie d'un océan. La mer Rouge par exemple, entre l'Égypte et l'Arabie saoudite, fait partie de l'océan Indien. La mer Morte est en réalité un grand lac très salé.

INCROYABLE !

97 % de l'eau du globe est salée et se trouve dans les océans. Le reste forme les lacs et les cours d'eau.

Les océans

117 Des régions appelées bassins se trouvent dans les océans.

Constitué d'une immense plaine abyssale, et de reliefs variés (monts, vallées, canyons profonds et volcans sous-marins), un bassin est bordé par un talus à forte pente suivi par un plateau continental qui monte jusqu'au littoral.

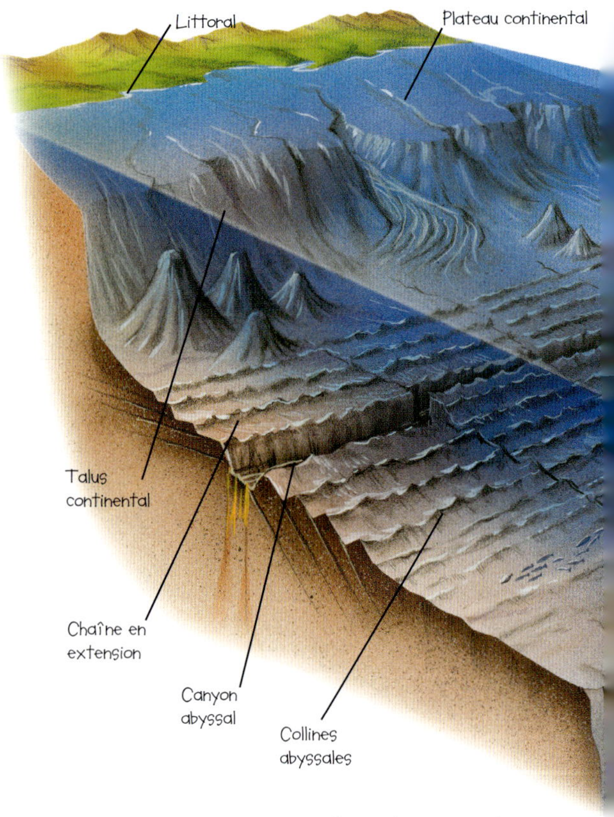

▲ La morphologie – le relief – du fond de l'océan est similaire à celle des terres émergées.

▼ Le magma (roche en fusion) émerge du fond et forme une chaîne. Celle-ci s'affaisse et s'étend sur le fond.

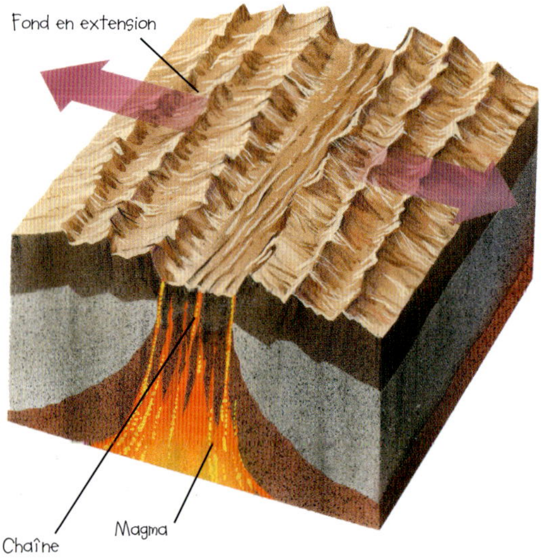

118 Le fond de l'océan s'étend.

Le magma (roche en fusion) des profondeurs de la Terre remonte par des fissures, émerge lentement et forme de nouvelles sections du fond. Les scientifiques ont apporté la preuve de ce processus en étudiant des couches rocheuses du fond de l'océan de part et d'autre d'une chaîne : celles-ci ont chaque fois pour origine la même éruption de magma qui s'est progressivement étendu.

▼ Un atoll, récif de corail annulaire autour d'un lagon, marque l'emplacement d'une île volcanique disparue.

119 Certaines îles sont avalées par l'océan.

Un récif de corail annulaire un atoll – isolé peut indiquer l'emplacement d'une île autour de laquelle il s'était formé et qui est retombée dans les profondeurs.

► D'autres archipels sont en devenir. Le sommet du volcan Loihi est juste visible sous la surface.

INCROYABLE !
La plus longue chaîne de montagnes du globe est invisible car elle se trouve dans les profondeurs des océans.

120 De nouvelles îles apparaissent.

Quand un volcan sous-marin entre en éruption, des couches de lave refroidie par l'eau se superposent, le volcan grandit et il arrive qu'il émerge. C'est ainsi que naquirent dans le Pacifique les îles Hawaii.

Marées et côtes

121 Le niveau de la mer monte puis recule deux fois par jour sur les côtes.

Ces marées sont dues à l'attraction de la Lune sur la partie de la Terre qui lui fait face.

▼ À marée montante, la mer apporte sur le rivage des algues, des coquillages et du bois mort. À marée descendante, elle se retire en les abandonnant.

Les marées hautes ont lieu en même temps aux côtés opposés de la Terre.

À marée haute, la mer a envahi le rivage

À marée basse, la mer s'est retirée

122 Les marées ont une plus grande amplitude deux fois par mois.

Quand l'attraction du Soleil s'ajoute à celle de la Lune ont lieu les grandes marées ou marées de vive-eau. Quand l'attraction du Soleil contrarie celle de la Lune ont lieu les petites marées ou marées de morte-eau. L'amplitude des marées varie selon le lieu. Elles sont fortes sur les côtes de l'Atlantique et presque nulles en Méditerranée.

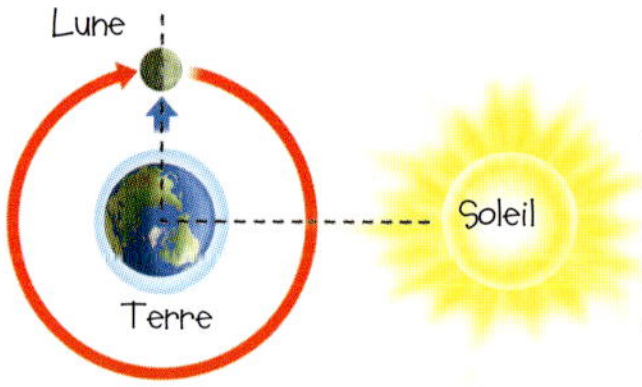

◀ Petites marées quand le Soleil et la Lune sont à angle droit : leurs attractions se contrarient.

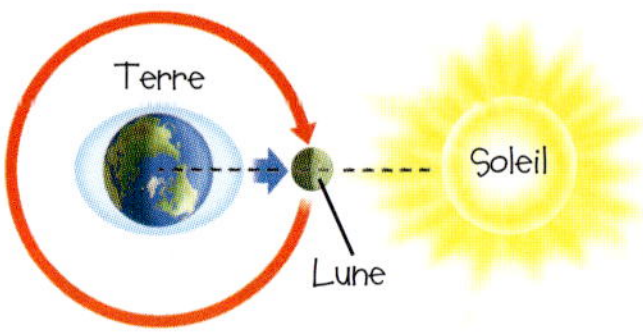

▶ Grandes marées quand le Soleil et la Lune conjuguent leur attraction.

123 Les mouvements de la mer sont assez puissants pour entailler le roc.

L'érosion due aux vagues crée de curieux paysages.

▼ Bel exemple de l'étonnant travail des vagues sur la roche.

▲ Un tsunami peut avancer plus vite qu'un avion de ligne.

126 Les raz de marée sont les vagues les plus puissantes.

Hauts murs d'eau de mer se déplaçant à grande vitesse, appelés tsunamis dans le Pacifique, ils sont produits par une explosion volcanique sous-marine ou un séisme.

124 On trouve du sable ailleurs que sur les plages.

Le sable, fragments roulés de roche et de coquillages, s'accumule sur les plages et aussi sur les flèches littorales – masses de sable allongées qui s'élèvent au-dessus du niveau de la mer parallèlement aux côtes.

INCROYABLE !

Un tsunami trois fois plus haut que la tour Eiffel déferla sur les îles Ryuku au Japon en 1771.

125 Certains rivages sont marécageux.

Cela rend la limite entre terre et mer difficile à déterminer. Les marécages tropicaux où poussent les palétuviers sont inondés par l'eau de mer salée.

▶ Racines échasses des palétuviers dans un marécage tropical.

Dans une mare littorale

127 Nombre d'espèces vivent dans les mares littorales. Les bernicles, coquillages qui vivent sur les rochers et dans les mares du bord de mer, se nourrissent d'algues vertes. Leur pied les retient fermement au rocher pour qu'elles résistent aux marées. Elles ne se déplacent qu'à marée basse.

128 L'anémone de mer (ou ortie de mer ou actinie) est guerrière. L'anémone de mer lutte contre ses compagnes pour défendre son terrain de chasse. Son arme est un venin paralysant qu'elle injecte avec des tentacules qui jouent le rôle de harpon.

▲ Les anémones de mer portent un nom de fleur.

129 Les bras des anémones de mer repoussent. Elles peuvent avoir jusqu'à 40 bras. Quand un adversaire attrape un de ses bras, elle l'abandonne et s'enfuit avec ceux qui restent.

◀ Les étoiles de mer sont apparentées aux oursins et aux concombres de mer.

130 Le bernard-l'ermite n'a pas de coquille.

Le bernard-l'ermite n'a pas de coquille. La plupart des crabes changent de coquille quand ils grandissent. Celui-ci emprunte la coquille d'un buccin ou d'un autre gastéropode afin de protéger son corps mou. On a observé certains bernard-l'ermite qui s'étaient réfugiés dans la coquille d'une noix de coco !

▶ Le bernard-l'ermite se réfugie dans une coquille vide.

QUIZ

Peux-tu reconstituer les noms de quatre coquillages ?

1. drealoup 2. loume
3. rîtheu 4. cicnub

1. palourde 2. moule
3. huître 4. buccin

131 Les oursins se déguisent.

Les oursins se déguisent. Les oursins verts se camouflent avec des fragments de coquille, des cailloux et des algues pour tenter d'échapper aux prédateurs.

◀ On a identifié dans la mer quelque 4 500 variétés d'éponges.

132 Les éponges sont des animaux.

Les éponges sont des animaux. Elles filtrent l'eau de mer pour se nourrir de micro-organismes. L'éponge naturelle de ton bain est un animal mort et desséché.

Vie dans les coraux

133 De petits animaux élèvent d'immenses murs sous-marins. Ceux-ci sont faits de l'accumulation de squelettes calcaires de polypes. Il faut des millions d'années pour que ces récifs coralliens s'élèvent. Ils comptent des myriades d'anfractuosités qui sont l'habitat d'une vie aquatique diverse et colorée.

134 Les plus grands coquillages vivent sur les récifs coralliens. Ce sont les palourdes géantes – plus d'un mètre de long. Tu pourrais prendre un bain dans leur coquille.

135 Les papas hippocampes ont des enfants. Pas tout à fait : en vérité, ils ne donnent pas naissance mais portent les œufs dans une poche sur leur ventre. Quand les œufs éclosent, un flot de bébés hippocampes sort de la poche du père.

▶ Les bébés hippocampes nagent aussitôt après être sortis de la poche de papa.

136 Certains poissons vont à la laverie.

Le labre nettoyeur est un petit poisson carnivore qui joue ce rôle. De plus grands poissons comme le mérou et la murène l'accueillent pour qu'il dévore les parasites et autres débris qu'ils portent : quel festin !

137 Les poissons-clowns sont vaccinés.

La plupart des poissons évitent les anémones de mer, mais les poissons-clowns sont immunisés et vivent en symbiose avec elles, qui les protègent des prédateurs.

INCROYABLE !
On peut voir de l'espace la Grande Barrière de corail – 2 000 km. C'est la plus grande structure due à des êtres vivants.

138 Le poisson-pierre a l'air d'un simple caillou.

Ce poisson repose sur le fond où il se confond avec les pierres qui l'entourent. S'il se sent en danger, les épines venimeuses qu'il porte se hérissent et leur contact peut paralyser aussitôt l'assaillant.

▲ Les récifs coralliens sont l'habitat d'une étonnante variété de plantes et d'animaux marins.

Nageurs de naissance

139 Il y a plus de 21 000 espèces de poissons dans la mer. De l'immense requin-baleine à la minuscule anguille de mer, ils sont pour la plupart couverts d'écailles, ils se servent de nageoires et d'une queue puissante pour se déplacer. Comme leurs cousins d'eau douce, ils respirent l'oxygène dissous dans l'eau absorbé par leurs branchies et rejettent le gaz carbonique.

140 Le régalec peut mesurer 7 mètres de long. C'est le plus long des poissons osseux et on le trouve dans tous les océans. La nageoire rouge qui court le long du dos de la tête à la queue lui donne une grande élégance.

◄ On croyait que le régalec nageait horizontalement. On sait aujourd'hui qu'il nage verticalement.

141 Le poisson-lune aime les bains de soleil ! Ce gros poisson de forme lunaire peut peser jusqu'à une tonne. Cet original aime prendre des bains de soleil en se laissant flotter à la surface de l'eau.

► Le poisson-lune, qui peut mesurer plus de 3 mètres de long, est le plus gros poisson osseux. Il se nourrit de plancton.

▲ Se déplaçant en groupe appelé banc, les poissons, comme ces vivaneaux à raies bleues, échappent plus facilement aux prédateurs.

▶ Les poissons volants se nourrissant près de la surface, on les observe facilement. Leur vol plané leur permet d'échapper aux prédateurs.

143 Le poisson volant ne vole pas.

143 Le poisson volant ne vole pas. Un poisson ne peut survivre hors de l'eau, mais le poisson volant – ou exocet – peut effectuer de très longs sauts planés (près de 200 mètres) quand il nage à grande vitesse. Ses larges nageoires lui permettent de planer pendant 30 secondes.

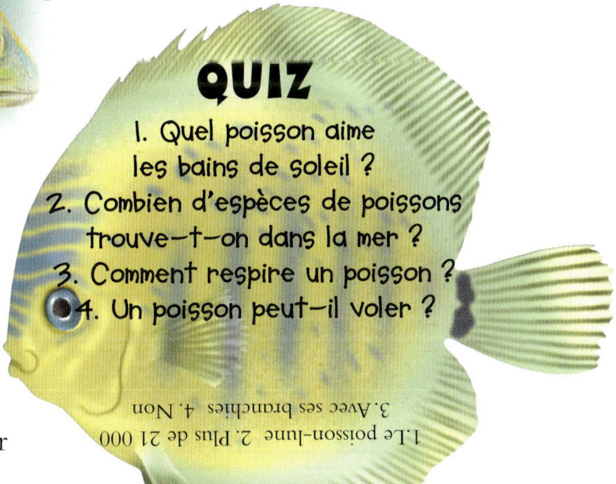

QUIZ

1. Quel poisson aime les bains de soleil ?
2. Combien d'espèces de poissons trouve-t-on dans la mer ?
3. Comment respire un poisson ?
4. Un poisson peut-il voler ?

1. Le poisson-lune 2. Plus de 21 000 3. Avec ses branchies 4. Non

142 Tous les poissons n'ont pas la même forme.

142 Tous les poissons n'ont pas la même forme. Il suffit de regarder une sole ou un autre poisson plat pour s'en rendre compte. On pense à tort que le maquereau et le poisson rouge sont typiques. L'anguille est si filiforme que la plus grande ressemble à un serpent et la civelle à un ver de terre. Quant à l'hippocampe et au poisson-dragon, ils ne ressemblent à aucun autre poisson.

▶ La forme plate du carrelet et sa couleur sable l'aident à se camoufler sur le fond de la mer.

Gare au requin !

144 Le grand requin blanc est le plus redoutable. Ce puissant prédateur peut se déplacer à 30 km/h. C'est un poisson à sang chaud, contrairement à la plupart des autres poissons, ce qui lui permet de développer une grande puissance musculaire mais l'oblige à dévorer beaucoup de viande.

▲ Le grand requin blanc est un grand chasseur. Il attaque et mange tout ce qui se présente mais préfère les phoques.

▼ Le requin-pèlerin consomme une quantité énorme de plancton. Il filtre environ 1 000 tonnes d'eau à l'heure.

145 Les requins sont carnivores. Le requin-tigre peut avaler n'importe quoi quand il est affamé ! Les plus grands requins, curieusement, mangent les plus petites proies. Le requin-baleine et le requin-pèlerin se nourrissent de plancton.

À TOI DE JOUER !

Observe le dessin du requin ci-dessous et retiens les noms des différentes parties du corps. Maintenant, décalque le requin et essaie de replacer les flèches et les indications correctement.

▶ Le requin-marteau dévore d'autres requins, des raies, des poissons osseux, des crabes, des homards et des calmars.

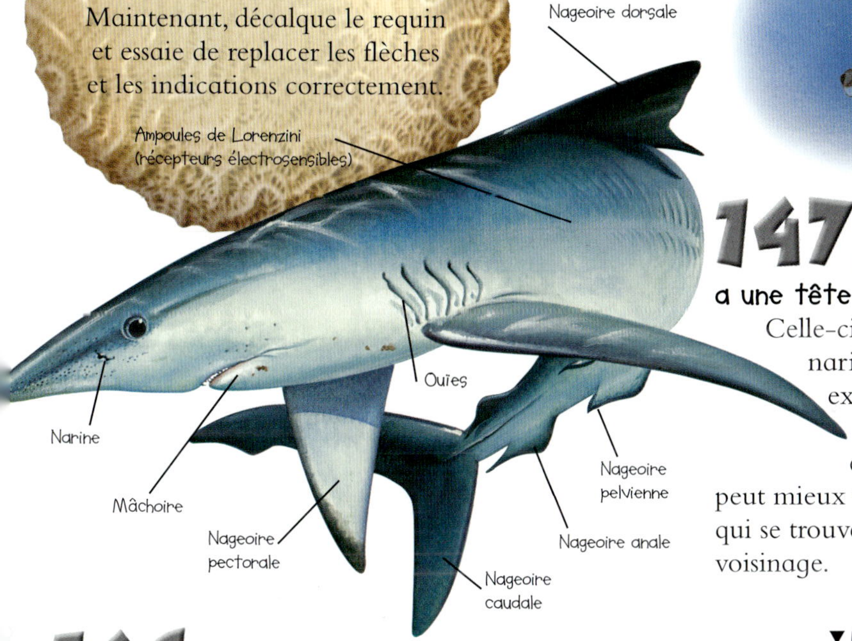

147 Le requin-marteau a une tête rectangulaire. Celle-ci a un œil et une narine à chaque extrémité. En la balançant à gauche et à droite, le requin peut mieux voir et sentir les proies qui se trouveraient dans le voisinage.

146 Le requin-tigre peut avoir jusqu'à 40 bébés à la fois. Les petits se développent dans des sacs à œufs dans le corps de la mère. Beaucoup d'autres requins se reproduisent ainsi, mais il y a d'autres méthodes. Les petits du requin-marteau se développent directement dans la mère, sans sac à œufs. D'autres requins, comme le chien de mer, abandonnent les sacs à œufs dans la mer et laissent les bébés se débrouiller.

▼ Le requin-tigre abandonne ses bébés et les laisse se débrouiller.

Baleines et dauphins

148 Le plus gros animal de la planète vit dans les océans. C'est la baleine bleue, longue d'environ 28 mètres et qui pèse jusqu'à 190 tonnes. Elle se nourrit chaque jour d'environ 4 tonnes de krill : une dizaine d'espèces de petits crustacés. Comme toutes les baleines, elle a une bouche garnie de fanons cornés et non de dents.

▲ Quand le cachalot fait surface, il expulse l'air vicié et humide par son évent, puis il remplit ses poumons d'air frais avant de replonger.

149 Tous les cétacés doivent remonter à la surface pour respirer. C'est parce que baleine, dauphin, narval, orque ou cachalot sont des mammifères comme nous. Le cachalot est celui qui retient le mieux son souffle : il peut rester sous l'eau près de deux heures.

▲ L'orque emporte les bébés phoques au large pour les dévorer.

152 **L'orque joue avec sa proie.** L'orque est surnommée baleine tueuse. C'est le plus grand des dauphins : elle possède donc des dents. Sa nourriture préférée est le bébé phoque qu'elle lance en l'air avant de le dévorer en mer.

▶ Le béluga, une des espèces de dauphins, est connu pour la grande variété de sons qu'il émet.

150 **Dauphins et baleines chantent pour communiquer.** Le chant de la baleine à bosse, le plus intense, porte à des centaines de kilomètres. Le plus mélodieux est celui du béluga. Ces chants servent aux mâles à attirer une éventuelle compagne.

153 **Moby Dick est une baleine blanche célèbre.** Moby Dick et le capitaine Achab sont les héros d'un hallucinant récit de Herman Melville.

151 **Le narval porte une épée.** C'est une dent très développée à stries hélicoïdales. Elle sert aux mâles pendant la parade amoureuse. Certaines femelles en ont une aussi.

▲ L'épée du narval – 3 mètres – semble trop longue pour son corps.

INCROYABLE !
Les bernacles sont des crustacés qui se fixent sur la coque des bateaux ou sur le corps des baleines grises ou d'autres animaux marins.

Mammifères marins

154 Baleines et dauphins ne sont pas les seuls mammifères marins. Phoques, otaries et morses sont des mammifères à sang chaud adaptés à la vie océanique. Ils ont des nageoires à la place des pattes, ce qui est bien pratique pour des nageurs. Ils ont aussi un corps allongé et une couche de graisse sous la peau pour avoir chaud dans l'eau glacée.

▶ Les phoques communs, annelés et du Groenland vivent dans les eaux froides du Nord, les phoques de Weddell, de Ross et le léopard des mers dans celles du Sud.

155 L'éléphant de mer est énorme. Celui des mers australes peut peser plus de trois tonnes et demie, son cousin du nord en pèse au moins deux. Pendant la saison des amours, qui dure trois mois, les mâles restent à terre pour combattre d'éventuels rivaux mais, étant incapables d'attraper des poissons, ils peuvent perdre jusqu'à la moitié de leur poids.

157 **La loutre de mer s'arrime avant de faire un somme.** Ces créatures au caractère enjoué qui vivent dans d'immenses forêts d'algues géantes de la côte pacifique s'entourent le corps d'une liane marine avant de se reposer, afin d'éviter d'être emportées par les vagues de l'océan.

▲ Arrimée aux algues géantes, la loutre de mer peut croquer tranquillement un crabe.

156 **La couleur des morses change.** Dans l'eau glacée, ils sont brun pâle ou même blancs car leur sang se retire de la peau pour que le corps ne refroidisse pas. De retour à terre, ils retrouvent une couleur brun-roux ou même rose car le sang revient sous la peau.

▼ Le morse se sert de ses canines supérieures comme arme et comme outil pour percer un trou dans la glace afin de respirer et pour se hisser hors de l'eau.

INCROYABLE !
Le léopard de mer chante en dormant. Ces phoques de l'Antarctique sifflent pendant leur sommeil.

Reptiles océaniques

158 L'iguane marin est le lézard qui préfère le plus l'eau. La plupart des lézards préfèrent vivre sur terre où il est plus facile de réchauffer leur corps à sang froid, mais l'iguane marin dépend de la mer pour se nourrir. Il plonge pour trouver les algues qui poussent sur la roche sous-marine.

▲ On trouve les iguanes marins autour des îles Galápagos, dans le Pacifique. Quand ils ne plongent pas pour se nourrir, ils se reposent au soleil sur les rochers qui parsèment le littoral. Leur peau foncée accélère l'absorption de la bénéfique chaleur solaire.

159 La tortue ne revient sur la terre ferme que pour pondre. Bien que née sur terre, elle se dirige vers la mer dès la sortie du nid. Après avoir pondu, elles retournent directement à la mer. La tortue imbriquée peut avoir jusqu'à 140 œufs par ponte, certaines grandes tortues vertes peuvent en pondre 800 en une année.

▲ En une seule saison, la tortue verte peut pondre dix fois, chaque ponte comptant jusqu'à 80 œufs !

160 Il y a des serpents venimeux dans la mer.

160 Il y a des serpents venimeux dans la mer. La plupart ne s'éloignent pas de la côte et vont pondre sur le rivage. Le serpent marin annelé cherche sa proie favorite, l'anguille de mer, dans les récifs coralliens. Le serpent marin à ventre jaune, qui est vivipare, ne sort jamais de l'eau où il abandonne ses petits.

▼ Le serpent annelé paralyse sa proie avec son venin, mais celui à ventre jaune utilise une autre tactique : quand sa couleur a attiré un poisson, il pivote brusquement et la proie se trouve devant sa gueule ouverte. Le venin des serpents marins est plus fort que celui des serpents terrestres.

Serpent marin annelé

Serpent de mer

QUIZ

Essaie d'associer ces noms de tortues aux illustrations ci-dessous :

1. Verte 2. Imbriquée 3. Luth 4. Caouanne

Réponses : 1C 2B 3D 4A

▼ La tortue luth est la plus grosse du monde et peut mesurer plus de 4 mètres.

161 La tortue luth plonge à 1 200 m pour son déjeuner.

161 La tortue luth plonge à 1 200 m pour son déjeuner. Elle détient deux records : plus grosse tortue marine et plongée la plus profonde. Elle se nourrit principalement de méduses, mais mange aussi des mollusques, des crabes, des homards et des oursins.

Voyages au long cours

162

Nombre d'animaux océaniques voyagent sur des distances incroyables. Les homards de Floride passent l'été à se nourrir près de la côte, mais s'en vont en hiver vers des eaux plus profondes. Ils cheminent environ 50 kilomètres au fond de la mer et forment des colonnes qui peuvent compter plus de 50 individus. Ils restent en contact en se touchant constamment avec leurs longues antennes.

▲ Au printemps, ces colonnes de homards retournent dans des eaux moins profondes. Ils fraient autour des récifs coralliens du détroit de Floride.

163

L'hirondelle de mer est une championne. Nul oiseau marin ne vole aussi bien qu'elle. Après avoir niché dans l'Arctique, elle se rend dans l'Antarctique. Au cours de sa vie, elle peut parcourir plus de 1 250 000 kilomètres !

◄ L'hirondelle de mer peut parcourir plus de 40 000 kilomètres en une seule année !

165 **Les baleines grises sont les mammifères qui détiennent le record du nombre de kilomètres parcourus.** Il y a deux populations de baleines grises dans le Pacifique. L'une passe l'été au large de l'Alaska et se rend au sud du Mexique pour se reproduire. Elle peut parcourir près de 20 000 km dans l'année. L'autre passe l'été au large des côtes de Russie puis voyage vers le sud jusqu'en Corée.

▶ Des baleines grises passent l'été dans la mer de Béring où elles se nourrissent de petits crustacés. Elles vont de décembre à mars dans les eaux plus chaudes au large du Mexique pour donner naissance à leur petit.

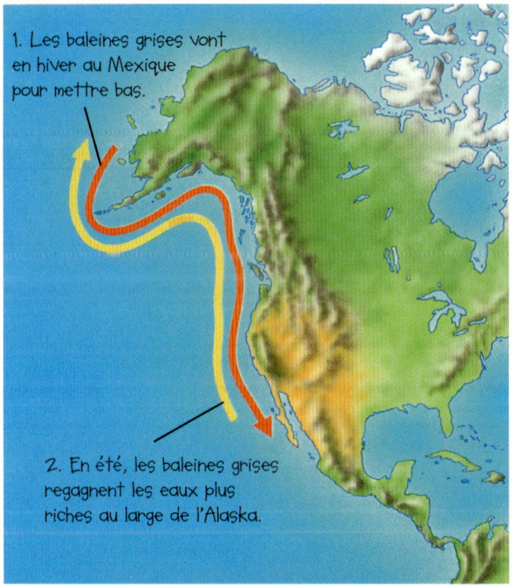

164 **Les jeunes tortues caouannes font un voyage de deux ans.** Elles naissent sur des plages japonaises puis plongent dans le Pacifique pour aller au Mexique, un voyage de 10 000 km. Elles y passent environ cinq ans avant de revenir au Japon pour se reproduire.

▼ Tous les bébés des tortues caouannes ne parviennent pas à la mer. Quand elles courent sur la plage, certaines sont la proie de mouettes et de crabes.

INCROYABLE !

Anguilles et saumons nagent des milliers de kilomètres dans l'océan pour revenir frayer dans leur cours d'eau natal.

Océans mystérieux

166 **Plus de 70 % de la surface de la Terre, soit 360 millions de km², est couverte par les océans et les mers.** Tous les océans, dont la profondeur moyenne est d'environ 3 800 mètres, sont reliés entre eux. Environ 90 % des espèces animales de notre planète y vivent !

167 **Le point le plus profond de tous les océans s'appelle Challenger Deep.** Il est situé dans la fosse des Mariannes, dans l'océan Pacifique, à une profondeur de près de 11 kilomètres ! En 1960, Jacques Piccard et Don Walsh ont exploré le Challenger Deep à bord du *Trieste*, un bathyscaphe : c'est un engin autonome sous-marin spécialement conçu pour l'exploration des fonds océaniques.

168 **Sans un équipement bien spécial, l'homme ne pourrait pas explorer le fond des océans : il serait immédiatement écrasé.** En effet, à de grandes profondeurs, le poids de l'eau est tel qu'il exerce une force énorme, nommée pression, sur notre corps ou tout objet. C'est pourquoi, des sous-marins équipés de parois épaisses, résistants à la pression mais aussi au froid, ont été créés.

▲ Le bathyscaphe Trieste a effectué la plus grande plongée jamais réalisée en 1960. Il est descendu si profond que la pression de l'eau était de 1,17 tonne/cm², soit 1 000 fois supérieure à celle de l'atmosphère ! Sous son gros réservoir rempli de carburant, se trouve une petite cabine sphérique où les explorateurs peuvent tout voir des fonds sous-marins.

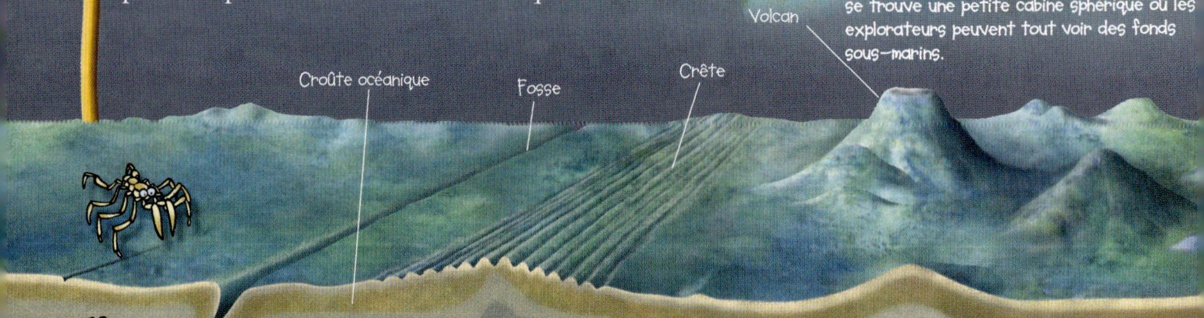

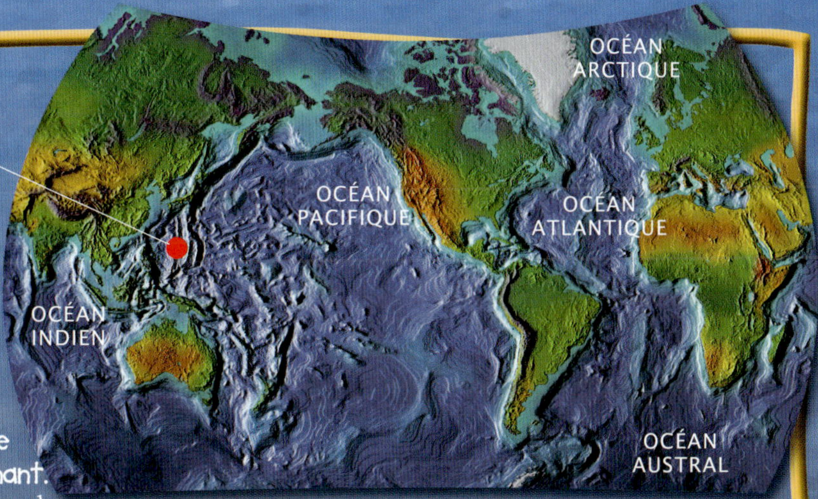

▶ Cette carte montre les dorsales océaniques (chaînes de montagnes sous-marines), les fosses et les plaines dans les océans.

169 Le monde sous-marin est fascinant.

Des sources hydrothermales rejettent de l'eau chaude des entrailles de la Terre à une température de quelque 350 °C ! Riche en minéraux, il y vit tout autour une faune extraordinaire comme d'immenses vers marins, des araignées de mer ou de minuscules bactéries qui s'en nourrissent. Ce n'est qu'en avril 1977 qu'on a découvert la première source hydrothermale mais elle ne faisait que 15 °C environ.

▼ Relief du fond océanique :
Le plateau continental est la zone qui part en pente douce de la côte jusqu'à 200 mètres de profondeur. Le talus continental est la pente abrupte qui relie ce plateau peu profond à la plaine abyssale.

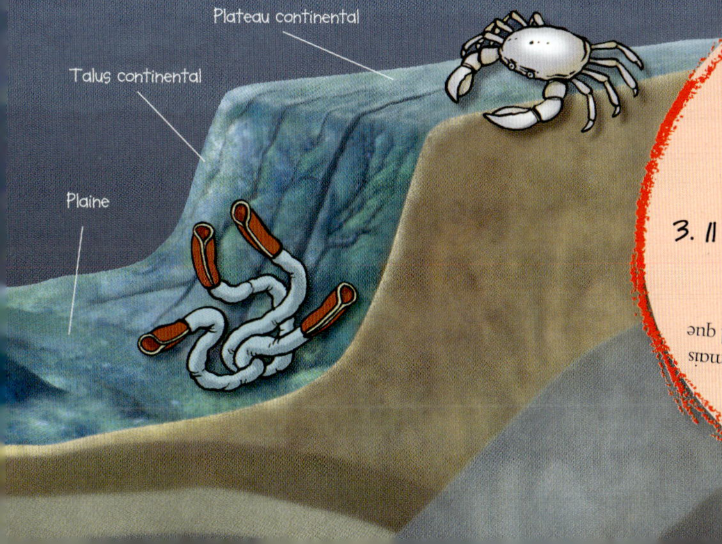

170 Comme ils communiquent entre eux, le niveau des mers et des océans est le même partout.

Cependant, il fluctue en fonction du climat planétaire. Il y a 20 000 ans, lors de la dernière période glaciaire, le niveau était 130 mètres plus bas que celui d'aujourd'hui. Actuellement, il monte encore car les glaces fondent à cause du réchauffement climatique dû à la pollution !

VRAI OU FAUX

1. La profondeur de Challenger Deep est supérieure à la hauteur de l'Everest.
2. Au fond de l'océan, l'eau est toujours très froide.
3. Il existe des animaux marins plus gros que la grande baleine bleue.

Réponses :
1. Vrai, l'Everest ne mesure que 8 850 m. 2. Faux. L'eau est très chaude près des sources hydrothermales. 3. Faux… mais il peut exister dans les fonds marins un animal que l'on n'a pas encore découvert !

Merveilles sous-marines

171 Les fumeurs noirs sous-marins nourrissent des créatures terrifiantes. Sur Terre, la vie dépend du Soleil qui fournit son énergie. Mais l'obscur donne naissance à d'étranges créatures. Dans les grands fonds sous-marins, des évents crachent des panaches de fumée chargés de particules de minéraux. Ils viennent nourrir des minuscules plantes et animaux, qui sont ensuite mangés par des énormes clams et des vers géants appelés Riftia pachyptila.

172 L'endroit le plus profond de l'océan est la fosse des Mariannes. Elle se trouve à l'endroit où la plaque du Pacifique s'enfonce sous la plaque continentale de l'Inde orientale. Elle mesure 2 500 kilomètres de long et certaines parties se trouvent à plus de 11 000 mètres de profondeur.

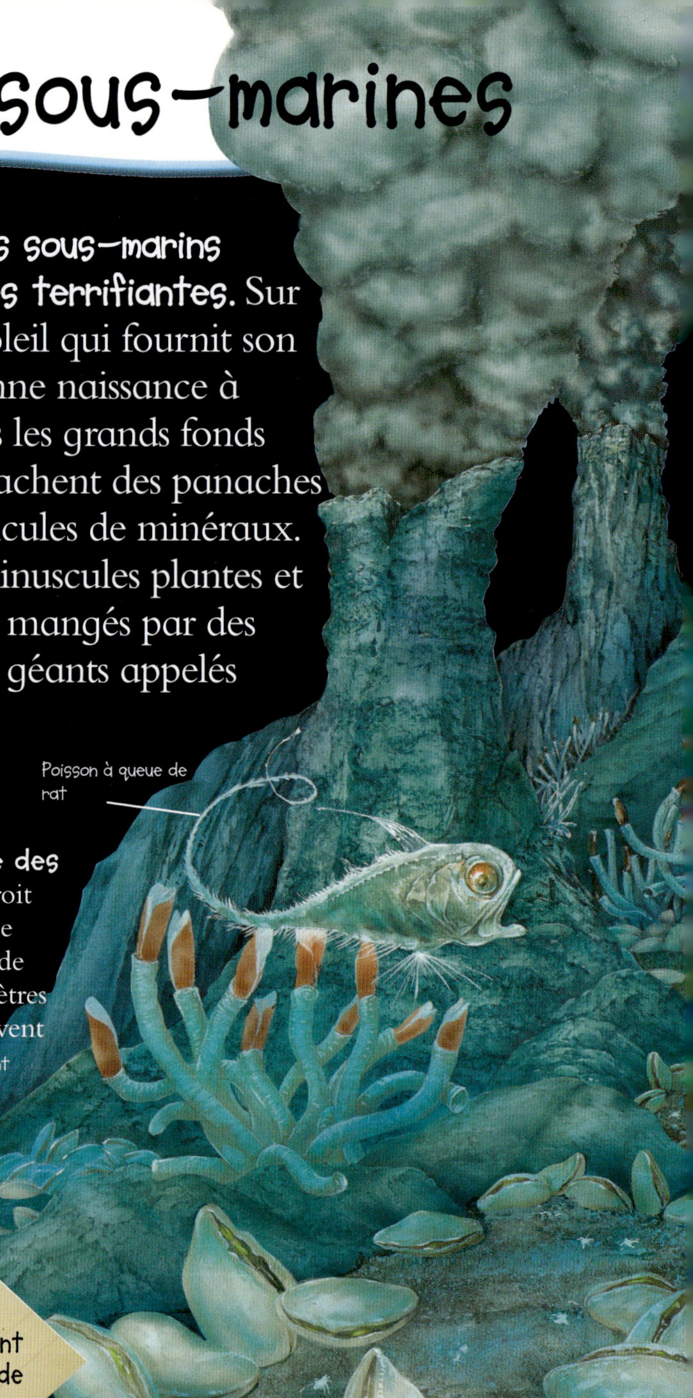

INCROYABLE !

Avant que les bateaux aient des moteurs, les océans étaient un endroit tranquille pour la vie des animaux. Les baleines pouvaient entendre leurs congénères les appeler de plusieurs centaines de kilomètres.

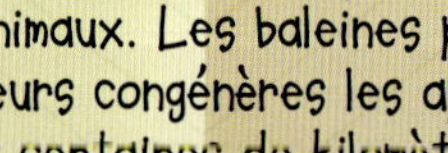

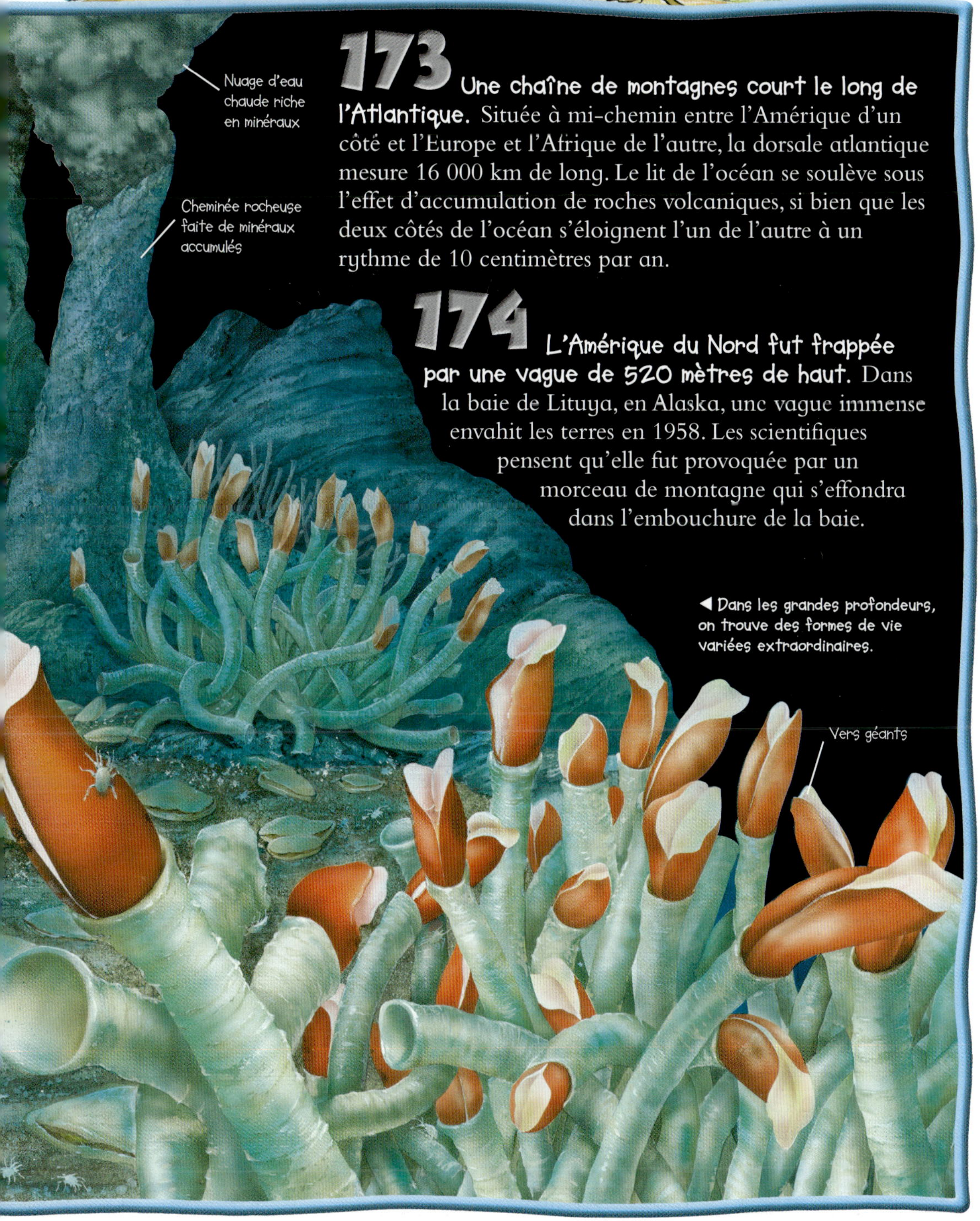

173 Une chaîne de montagnes court le long de l'Atlantique. Située à mi-chemin entre l'Amérique d'un côté et l'Europe et l'Afrique de l'autre, la dorsale atlantique mesure 16 000 km de long. Le lit de l'océan se soulève sous l'effet d'accumulation de roches volcaniques, si bien que les deux côtés de l'océan s'éloignent l'un de l'autre à un rythme de 10 centimètres par an.

174 L'Amérique du Nord fut frappée par une vague de 520 mètres de haut. Dans la baie de Lituya, en Alaska, une vague immense envahit les terres en 1958. Les scientifiques pensent qu'elle fut provoquée par un morceau de montagne qui s'effondra dans l'embouchure de la baie.

◀ Dans les grandes profondeurs, on trouve des formes de vie variées extraordinaires.

Faune des abysses

175 Peu d'êtres vivants peuvent survivre au froid glacial des profondeurs de l'océan et à son obscurité. La nourriture y est si rare que la baudroie abyssale ne dépense pas son énergie en chassant des proies. Elle possède une antenne à extrémité lumineuse qui pend devant sa gueule ouverte – sa « canne à pêche » – et attire les petits poissons. Elle n'a qu'à refermer sa gueule pour les avaler.

▼ La baudroie abyssale est noire ou marron et seule l'extrémité de sa « canne à pêche » est visible.

▼ La lumière émise par ces poissons, ou par les bactéries qu'ils portent, est appelée lumière biologique ou bioluminescence.

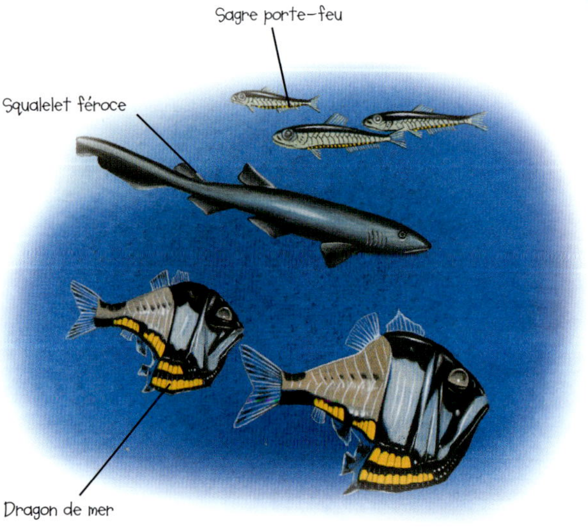

176 Certains poissons des profondeurs émettent de la lumière. On en compte quelque 1 500 variétés. Cette lumière a pour fonction de tromper les prédateurs et d'attirer les proies. Tout le corps du sagre porte-feu est lumineux mais seuls les flancs et le ventre ont des points lumineux, et seul le ventre du squalelet féroce brille dans l'obscurité.

177 Le grandgousier est un vrai glouton. Cet étrange poisson long de 25 cm peut avaler un poisson beaucoup plus grand que lui : il décroche sa mâchoire pour l'attraper, puis distend son corps pour l'avaler d'un coup.

▲ La vipère de mer doit son nom à ses grands crochets.

▼ Comme de nombreux poissons abyssaux, le grandgousier a une peau lisse sans écailles.

178 Les dents de la vipère de mer sont invisibles dans l'obscurité. Elle chasse gueule ouverte et ses proies, des crevettes, ne se rendent compte de rien avant d'être entrées dans sa gueule.

▶ Certains pogonophores grandissent autour de cheminées hydrothermales, appelées fumeurs noirs, à plus de 3 000 mètres de profondeur.

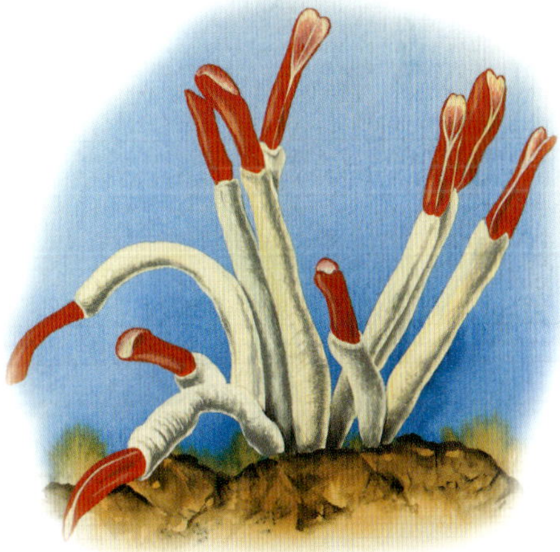

INCROYABLE !
La femelle de la baudroie abyssale atteint 120 cm alors que le mâle ne dépasse pas 6 cm !

179 Il y a au fond de la mer des vers aussi longs qu'une voiture ! Ces tubes annelés géants, des pogonophores, se nourrissent de particules de l'eau qu'ils filtrent.

À tire-d'aile

180 L'albatros est le plus grand des oiseaux marins. L'envergure des ailes de l'albatros peut atteindre 3 mètres, quasiment la longueur d'une voiture familiale ! Cet oiseau est si grand qu'il préfère prendre son envol du haut d'une falaise. Il passe des mois en mer. Sa maîtrise du vol est telle qu'il peut planer en dormant. Pour se nourrir, il se pose sur la mer et se saisit de proies comme les seiches.

▶ Fou de Bassan s'emparant de son repas.

181 Le fou de Bassan possède un airbag. Sa technique est de se précipiter la tête la première dans l'océan pour se saisir d'un poisson avec son bec. Son piqué est si rapide qu'il heurte violemment l'eau. Heureusement pour lui, le choc est atténué par une espèce d'amortisseur pneumatique.

182 **Les macareux creusent des terriers.** Alors que les autres oiseaux se bousculent sur les falaises pour faire leur nid, les macareux creusent un terrier. La femelle y pond un seul œuf et les deux parents nourrissent l'oisillon pendant 6 semaines.

▼ Les macareux creusent un terrier ou reprennent un terrier de lapin abandonné.

QUIZ

Peux-tu associer ces oiseaux de mer à leur nom ?

1. Cormoran 2. Mouette à tête grise 3. Guifette noire

A. B. C.

A.3 B.2 C.1

184 **Les fous dansent pour séduire une femelle.** Il y a deux variétés, le fou à pattes bleues et celui à pattes rouges. Pendant la danse, le regard de la femelle est attiré par la couleur. Peut-être cela lui permet-il de ne pas se tromper de partenaire.

▼ Les fous sont des oiseaux marins des tropiques qui vivent en colonies.

183 **La frégate mâle gonfle un ballon pour séduire.** Le mâle possède dans la gorge un sac rouge vif qu'il gonfle pour attirer l'attention de la femelle qu'il convoite.

▲ Frégate mâle faisant sa cour.

Brrr... quel froid !

185 **Les régions polaires se situent au nord et au sud de la Terre.** Ce sont les zones les plus froides et les plus venteuses du monde. Le sol y est gelé une grande partie de l'année. À perte de vue, on ne voit que de la glace et de la neige. Pourtant, des animaux, des plantes et même des hommes arrivent à survivre dans ces conditions extrêmes, surtout dans le Grand Nord !

▼ Ce brise-glace est si puissant qu'il est capable de briser des mètres d'épaisseur de glace. Il ouvre le passage pour que les autres bateaux puissent naviguer dans les eaux gelées. D'ailleurs, ils le suivent de très près car la glace se reforme en quelques heures.

Les antipodes

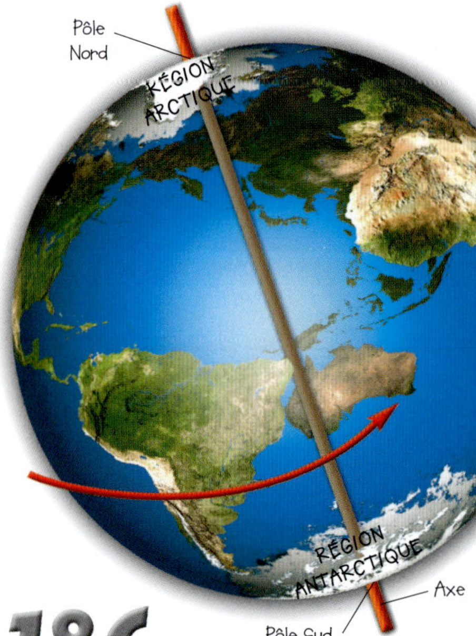

186 Le pôle Nord et le pôle Sud sont situés à chaque extrémité de la Terre.
En 24 heures, notre planète fait une rotation complète autour de son axe. Ce dernier est une ligne invisible qui traverse la Terre en son milieu, d'un pôle à l'autre.

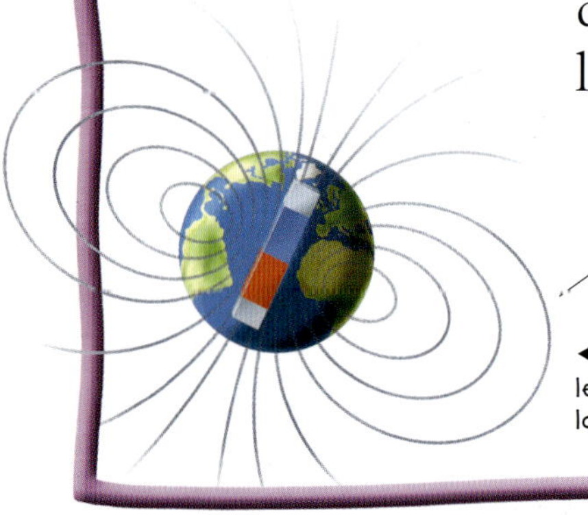

◀ Ces lignes montrent le champ magnétique de la Terre.

187 La Terre a en fait quatre pôles ! Le nord et le sud géographiques sont définis par la position de la Terre selon son axe, mais il existe un pôle nord et un pôle sud magnétiques qui ne se trouvent pas au même endroit.

◀ La Terre tourne autour d'une ligne imaginaire, appelée l'axe, qui détermine les pôles nord et sud géographiques.

188 La Terre est une sorte d'aimant géant. Au centre de notre planète, se trouve un noyau solide (dit interne) recouvert d'un métal liquide très chaud : le magma. Ce dernier, constitué essentiellement de fer, forme le noyau externe. Lorsque la Terre tourne, le métal bouge tout autour du noyau interne, créant ainsi une force magnétique. Les pôles magnétiques se trouvent là où cette force est la plus puissante.

Péninsule antarctique

189 Comme le magma bouge tout le temps, les pôles magnétiques se déplacent, et ce de quelques mètres par an.
Au cours de l'histoire, les pôles magnétiques se sont inversés plusieurs fois, c'est-à-dire que le pôle nord est devenu le pôle sud et vice-versa. Ces inversions se font 5 fois par million d'années et la dernière remonte à environ 780 000 ans.

▶ Le pôle Nord est situé au milieu de l'océan Arctique. Ce dernier gèle en hiver et est pratiquement recouvert par la banquise (étendue de glace).

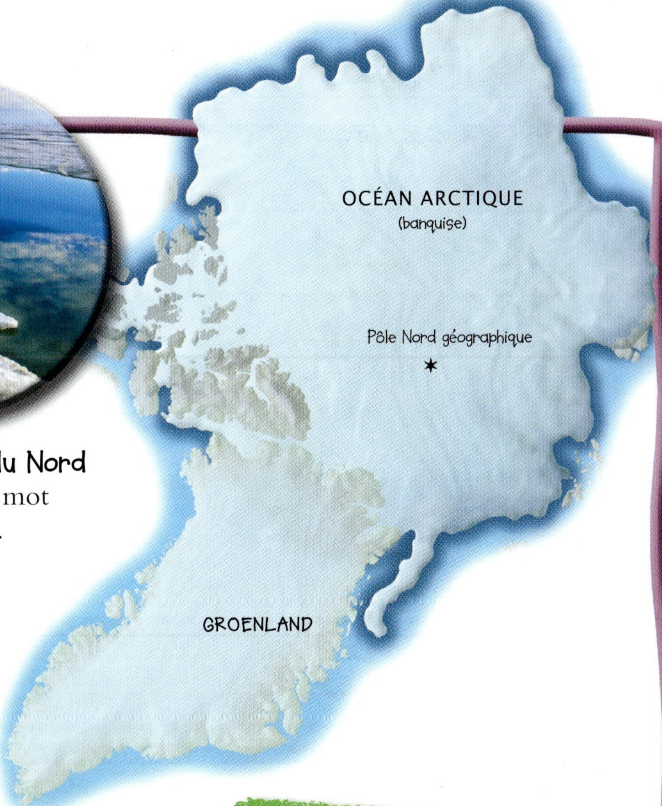

190 **La région polaire du Nord est l'Arctique.** Ce nom vient du mot grec « arktos » qui signifie « ours ». Il fait référence aux constellations d'étoiles de la Grande Ourse et de la Petite Ourse que l'on ne distingue que de l'hémisphère Nord. L'étoile Polaire (qui fait partie de la Petite Ourse) est l'une des étoiles les plus brillantes.

◀ ▼ Le pôle Sud est situé au centre du continent Antarctique. Début avril, les manchots empereurs se rassemblent sur la terre glacée en colonies pour s'accoupler et mettre au monde les petits.

INCROYABLE !

L'Antarctique est le continent le plus froid du monde. En 1983, on a enregistré la température la plus basse jamais atteinte : – 89,6 °C, soit 4 fois plus froid que l'intérieur de ton congélateur !

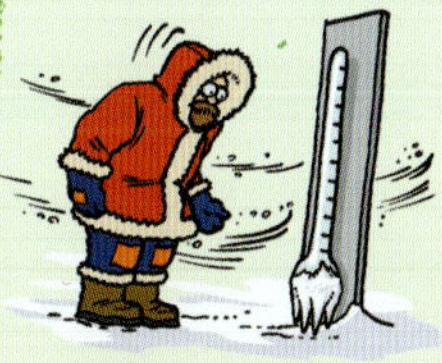

191 **La région du pôle Sud s'appelle l'Antarctique.** Ce nom vient du grec et signifie « opposé à l'Arctique ». En effet, l'Antarctique et l'Arctique sont situés aux antipodes, c'est-à-dire qu'ils sont diamétralement opposés !

Deux saisons et non quatre !

▲ Au pôle Nord, lors du solstice d'été (vers le 21 juin), le soleil reste toujours au-dessus de la ligne d'horizon.

192 L'axe de la Terre n'est pas vraiment vertical : il est incliné selon un angle de 23 degrés. C'est grâce à cette inclinaison et au fait que la Terre tourne autour du Soleil que nous avons des saisons ! Dans les climats tempérés, comme en Europe, nous en avons quatre mais dans les régions polaires, il n'en existe que deux : l'été et l'hiver.

193 La Terre tourne autour du Soleil. Le parcours dure 365 jours et 6 heures. Au cours de l'année, un pôle se trouve près du Soleil puis, six mois plus tard, c'est l'autre. C'est pourquoi nous avons des saisons.

194 Au solstice d'été, c'est-à-dire lors du jour le plus long, le soleil ne se couche pas en Arctique : la journée dure 24 heures ! Cela est dû au fait que le pôle Nord est exposé face au Soleil… D'ailleurs, pendant l'été, les journées sont très longues et les nuits extrêmement courtes voire inexistantes !

◀ Quand le soleil reste au-dessus de la ligne d'horizon pendant la nuit, on appelle cela le soleil de minuit ou le jour polaire.

ENSOLEILLÉ OU PAS ?

Tu auras besoin de :
une pomme - une lampe de bureau

Imagine que ta pomme soit la Terre, et ta lampe, le Soleil. La queue de la pomme représente le pôle Nord. Tiens ton fruit en l'inclinant légèrement, la queue exposée à la lumière. Puis, fais tourner la pomme sur elle-même. Tu vois que la queue reste toujours éclairée mais que l'extrémité opposée reste dans le noir. Voila ce qui se passe en été dans le cercle Arctique et celui de l'Antarctique !

195 **Lorsque le pôle Nord se trouve du côté opposé au Soleil, il y fait nuit en permanence.** Pendant un jour au moins, le soleil ne se lève même pas. C'est le solstice d'hiver qui a lieu vers le 21 décembre. La région tout autour du pôle Nord où il fait nuit s'appelle le cercle arctique. Bien entendu, le même phénomène se produit au pôle Sud : mais quand il fait nuit dans le cercle antarctique, c'est vers le 21 juin puisqu'il est opposé au pôle Nord !

196 **Parfois, la nuit, d'étranges phénomènes lumineux se produisent dans le ciel.** C'est ce qu'on appelle les aurores polaires. Celles d'Arctique sont nommées aurores boréales et celles d'Antarctique des aurores australes. Très spectaculaires, elles ont différentes formes ou couleurs et bougent dans le ciel.

197 **Les aurores polaires sont en fait de petites particules qui proviennent du Soleil, qu'on appelle le vent solaire.** Piégées par le magnétisme de la Terre, elles entrent en contact avec des molécules de gaz contenues dans l'air et elles se mettent à briller. Ce phénomène se produit à une altitude de plus de 80 kilomètres dans le ciel, bien plus haut que ne peuvent voler les avions !

▼ Au pôle Nord, des campeurs viennent admirer les aurores boréales. Ce jour-là, elle est jaune mais un autre jour, elle peut être bleue ou rouge !

Autour d'un océan de glace

198 **L'Arctique est en fait une zone gelée de l'océan Arctique, entourée de terres.** L'océan Arctique est le plus petit de tous ; il mesure environ 14 millions de kilomètres carrés ! L'hiver, la glace au centre peut atteindre 3 mètres d'épaisseur, voire plus. Elle fond en été, mais pas complètement.

▶ Au printemps, les troupeaux de rennes migrent vers le nord pour se nourrir des plantes de la toundra.

199 **Bien que le sol soit gelé une grande partie de l'année, des plantes poussent sur les terres qui entourent l'océan Arctique.** La végétation est essentiellement composée de petits buissons, de mousses, de lichens et de plantes à fleurs dont il existe plus de 400 espèces différentes. C'est ce qu'on appelle la toundra.

▶ Le lièvre arctique a un pelage tout blanc en hiver et marron en été… idéal pour se camoufler dans son environnement !

200

Une immense forêt de conifères, appelée la taïga, entoure la toundra. Également appelée forêt boréale, c'est la plus grande de notre planète. Les conifères sont des arbres dont les feuilles, appelées aiguilles, sont fines et pointues. Leurs branches penchent vers le bas, ce qui permet à la neige de glisser facilement. En effet, si trop de neige s'accumulait sur les branches, celles-ci se briseraient sous le poids.

201

Les rennes, appelés caribous en Amérique du Nord, vivent dans les forêts boréales en hiver. Mais quand vient l'été, ils entreprennent de longs voyages (des migrations) pour habiter la toundra, riche en plantes dont ils se nourrissent. Ils sont souvent suivis par des meutes de loups qui s'attaquent aux plus faibles : les jeunes, les vieux ou les blessés !

ICEBERG FLOTTANT

Les icebergs sont plus gros qu'ils ne paraissent. Remplis un récipient en plastique d'eau et mets-le dans le congélateur. Le lendemain, démoule ton bloc de glace et fais-le flotter dans un évier rempli d'eau bien froide. Regarde ce qui dépasse. On ne voit émerger qu'un dixième de son épaisseur environ, le reste étant sous l'eau !

▲ En été, lorsqu'il n'y a plus de neige, les ours bruns s'aventurent hors de la taïga pour aller manger les plantes de la toundra.

202

Dans certaines régions arctiques, le sol ne dégèle jamais. On l'appelle le permafrost. C'est dans ce sol que l'on a découvert de nombreux restes de mammouths, ce qui nous a permis d'estimer l'âge du permafrost : 10 000 à 15 000 ans !

Autour d'une terre gelée

203 L'Antarctique est très différent de l'Arctique. Ce dernier est un océan entouré de terres alors que l'Antarctique est une terre entourée d'un océan. C'est un immense continent de plus de 14 millions de kilomètres carrés, couvert pour l'essentiel de glace. On y trouve des montagnes, des vallées et même de vieux volcans, mais pratiquement tout est caché sous la glace.

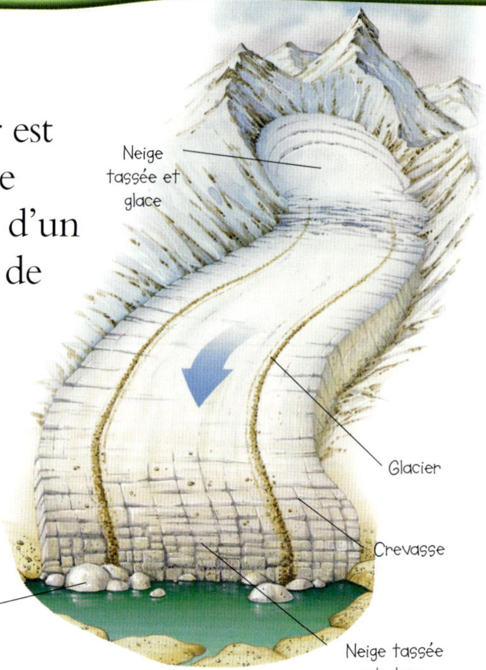

► Un glacier est une bande de neige et de glace qui glisse lentement et s'écoule vers l'océan.

204 L'Antarctique est entouré de l'océan Austral, appelé autrefois l'océan glacial Antarctique. Il est plus grand et plus profond que l'océan Arctique. Contrairement aux autres océans, c'est le seul qui ne soit pas délimité par des terres. Ses frontières se trouvent au sud de l'océan Atlantique, de l'Indien et du Pacifique. Les zones les plus profondes, appelées les bassins, peuvent atteindre 5 000 mètres !

◄ Les icebergs sont d'énormes blocs de glace qui se détachent des glaciers et flottent sur la mer.

▶ Les terres de l'Antarctique sont recouvertes constamment d'une épaisse nappe de glace qu'on nomme la calotte glaciaire. Également appelée inlandsis, cette calotte est formée par la neige qui tombe sur le continent. C'est donc de l'eau douce et non de l'eau salée comme les banquises. D'immenses blocs se détachent des glaciers provenant de l'inlandsis : ce sont les icebergs !

205 **Lors de la saison la plus froide (de mars à septembre), la température moyenne est de –65 °C.** L'eau près des terres de l'Antarctique gèle et forme une épaisse couche de glace, appelée la banquise.

206 **Les icebergs dérivent au gré des courants de l'océan.** Seul un dixième de leur épaisseur se voit au-dessus de la surface de l'eau, le reste est en dessous. C'est ainsi que le Titanic, un paquebot de 2 200 passagers, a coulé dans la nuit du 14 avril 1912 en heurtant un iceberg !

INCROYABLE !

Par endroits, la couche de glace qui recouvre le continent de l'Antarctique (l'inlandsis) mesure plus de 3 000 mètres. Il faut donc creuser à cette profondeur pour trouver la roche ou des cours d'eau et des lacs !

▶ La plus grande partie d'un iceberg est cachée sous la surface de l'eau. Parfois, il est si épais qu'il racle le fond de l'océan.

Qui vit dans la toundra ?

◀ Le lagopède change de plumage : il est blanc en hiver et brun en été.

207 **Contrairement au continent austral, de nombreux animaux vivent dans le Grand Nord.** Ils arrivent à survivre aux températures glaciales grâce à leur épaisse fourrure ou aux plumes et duvets qu'ils ont sur le corps. Généralement, quand vient le printemps, le pelage ou le plumage tombe et se renouvelle. C'est ce qu'on appelle la mue.

208 **Le harfang des neiges vit essentiellement dans la toundra.** La femelle pond ses œufs dans des trous creusés dans le sol et les couve plus d'un mois. Pendant ce temps et après éclosion des œufs, le mâle nourrit sa femelle et sa progéniture.

▶ Les poussins des harfangs restent au nid près de 2 mois avant d'être capables de s'envoler et trouver leur nourriture seuls !

209 **Pour se préparer aux rigueurs de l'hiver, le lagopède mue et se couvre d'épaisses plumes blanches.** Ses pattes, presque nues en été, sont couvertes d'un épais plumage. Même ses pieds sont munis de plumes, lui permettant de ne pas glisser sur la neige !

INCROYABLE !

En règle générale, la femelle harfang des neiges pond entre 4 à 6 œufs. Cependant, s'il y a beaucoup de lemmings, elle peut en pondre plus d'une dizaine car elle sait que ses poussins ne mourront pas de faim. Mais quand il y en a trop peu, elle ne se reproduit pas du tout, faute de nourriture !

◀ Le spermophile arctique est un écureuil qui ne vit que sur la terre ferme et non comme d'autres dans les arbres. Il se nourrit de plantes, de graines et de baies. Il hiberne près de 7 mois par an.

212 **Le bœuf musqué vit dans la toundra.** Il vit en groupe, de 10 à 20 individus en moyenne. Dès qu'ils se sentent en danger, les mâles et les femelles se mettent en cercle, cornes vers l'extérieur, pour défendre les jeunes qui se trouvent au centre !

210 **Également appelé souslik arctique, le spermophile du Grand Nord creuse des terriers très élaborés où il vit en famille.** Lorsque plusieurs de ses membres vont chercher de la nourriture, un spermophile fait le guet, poussant des cris d'alerte quand il sent le moindre danger.

211 **En Amérique du Nord, un élan s'appelle orignal.** Seul le mâle est muni de cornes, larges et aplaties (les bois) qu'il perd au printemps. En hiver, il s'en sert pour se défendre contre les prédateurs – les ours bruns ou les loups – tout en assénant des coups de pattes avant. Herbivore, il se nourrit d'algues de rivière l'été, de brindilles et d'écorces l'hiver.

▶ L'élan est le plus grand de la famille des cerfs. Un mâle mesure jusqu'à 2 mètres.

L'ours et le loup

▲ Le renard polaire, également appelé isatis, est le meilleur ami de l'ours polaire : il le suit très souvent pour se nourrir des restes de ses victimes !

213 **Appelé aussi ours blanc, l'ours polaire mesure près de 2,50 mètres de long et pèse une demi-tonne pour le mâle.** C'est le seul de tous les ursidés (famille des ours) à se nourrir exclusivement de viande. Les autres mangent des végétaux voire des insectes.

214 **Grâce à son pelage blanc, l'ours passe inaperçu dans son environnement.** C'est ainsi qu'il arrive à chasser ses proies, de préférence les phoques. Comme tout mammifère, ces derniers remontent à la surface de l'eau pour respirer. Ils font donc des trous dans la glace pour y prendre de l'air. L'ours les attend pour les attraper et les manger !

INCROYABLE !

L'hiver, la femelle de l'ours blanc se fait des réserves de graisse puis creuse un trou pour donner naissance à 2 ou 3 petits. Pendant 4 mois, elle les protégera et les allaitera sans se nourrir !

216 **Les loups chassent en meute.**

Ensemble, ils poursuivent, encerclent et traquent les rennes ou les bœufs musqués jusqu'à ce qu'ils soient épuisés. Cependant, il leur arrive de s'attaquer seuls à des proies plus petites, comme les lièvres, les campagnols et les lemmings.

▶ L'ours polaire est le gros carnivore terrestre. Pourtant, à la naissance, les oursons sont minuscules : ils ne mesurent que 20 cm et pèsent environ 600 grammes !

215 **Bon nageur, l'ours polaire n'hésite pas à plonger pour attraper des poissons ou des phoques.**

Solitaire, il peut également parcourir des centaines de kilomètres sur la banquise pour se nourrir. Il a une épaisse fourrure et, sous la peau, une grosse couche de graisse qui lui permet de supporter les températures rigoureuses de l'hiver.

217 **Dans une meute, seuls le mâle et la femelle dominants (le couple alpha) s'accouplent et ont des petits.**

Les autres loups du groupe s'occupent des louveteaux, chassent pour les nourrir et défendent le territoire de la meute contre tout prédateur.

▼ Ces loups essaient de disperser le troupeau de bœufs musqués pour s'attaquer aux petits.

Les phoques

218 **De nombreuses espèces de phoques vivent dans les régions arctiques** : le phoque annelé, le barbu, le tacheté, celui du Groenland, celui à capuchon et le veau marin. La plupart se nourrissent de poissons, de calamars et de minuscules crevettes, appelées le krill, que les baleines apprécient aussi.

VRAI OU FAUX

1. Le phoque est le seul animal qui mange du krill. 2. Le phoque a une épaisse couche de graisse sous la peau. 3. Les morses prennent des bains de soleil en été. 4. Les phoques donnent naissance à trois petits. 5. Les ours polaires s'attaquent aux phoques.

Réponses
1. Faux ; 2.Vrai ; 3.Vrai ;
4. Faux ; 5.Vrai

◄ Les phoques peuvent vivre sous la banquise mais ils creusent des trous dans la glace et remontent à la surface pour y respirer.

219 **Le phoque a une épaisse fourrure imperméable.** D'ailleurs, comme l'ours polaire, son principal ennemi, il possède une couche de graisse sous la peau ; elle lui permet de maintenir la chaleur interne de son corps. Excellent nageur, il est doté de poumons et doit remonter régulièrement à la surface pour respirer.

220 **Au printemps, les phoques s'accouplent dans l'eau.** Mais, pour la plupart des espèces, les femelles montent sur la banquise pour mettre bas. En règle générale, la mère ne donne naissance qu'à un seul petit. Il grandit très vite car le lait maternel dont il se nourrit est riche en graisse et en protéines.

▼ En été, les morses prennent des bains de soleil sur la terre ferme. Pour cela, ils se servent de leurs nageoires et de leurs longues défenses pour se hisser sur la rive !

221 La femelle phoque doit aller se nourrir. Pour cela, elle retourne dans l'océan. Son petit ne peut pas la suivre car sa fourrure n'est pas encore imperméable à l'eau. Il reste donc sur la glace, à la merci des prédateurs. Ce n'est qu'à l'âge de quatre semaines environ qu'il pourra suivre sa mère !

222 Le morse n'est pas un phoque mais il vit comme lui, en Arctique. Il est reconnaissable à ses deux immenses dents, appelées défenses, qui peuvent atteindre un mètre de long pour certaines ! Les morses mâles s'en servent pendant la période des amours en combattant entre eux pour s'approprier une femelle. Ils les utilisent aussi en les plantant dans la glace pour se hisser quand ils veulent aller sur la terre ferme. Un morse mesure jusqu'à 3,50 m et pèse plus de 1,20 tonne !

Les baleines

224 **Vers l'âge de 5 ans, quand il devient adulte, le béluga a une peau toute blanche, ce qui lui a valu le nom de baleine blanche.** Il communique avec ses congénères en produisant toute une variété de sons compliqués. Son chant mélodieux peut se propager sur de longues distances dans l'océan. Les vieux marins le surnommaient le « canari des mers ».

▲ Le béluga a des lèvres très souples, et il fait une sorte de moue, comme pour embrasser, afin d'aspirer les poissons.

225 **Comme le narval, le béluga mesure de 3 à 5 mètres et pèse 1,6 tonne environ.** Il se nourrit de poissons, de calamars et de coquillages.

223 **En été, de nombreuses baleines, comme la baleine bleue, migrent dans les eaux polaires...** Certaines y vivent même pendant toute l'année, comme le narval et le béluga.

INCROYABLE !

Également appelée baleine du Groenland, la baleine boréale mesure 18 mètres et a une tête immense qui fait près du tiers de son corps. Les grands fanons de sa bouche atteignent plus de 4 mètres de long !

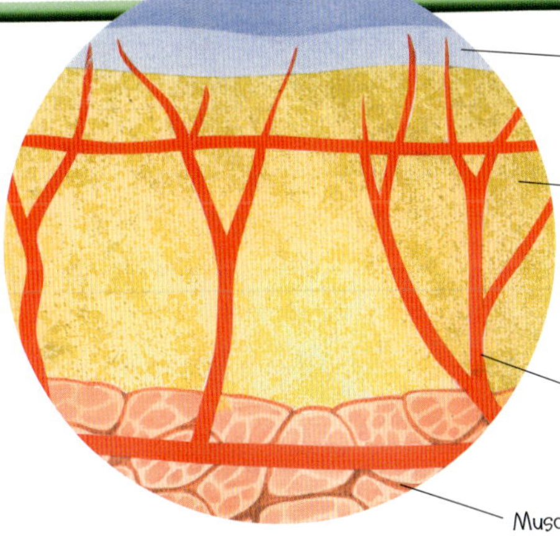

▲ Les baleines, les phoques, les ours polaires et autres mammifères du froid ont une épaisse couche de graisse sous la peau. Elle joue un rôle d'isolant thermique et permet à l'animal de supporter les températures rigoureuses de l'eau.

226 **Le narval mâle possède une très longue dent en forme d'épée sur la mâchoire supérieure.** C'est pourquoi il est souvent appelé la « licorne de mer » ! Mesurant près de 3 mètres de long, sa défense lui sert à fouiller le fond marin pour trouver ses proies et se nourrir.

227 **La baleine franche et la baleine boréale sont des baleines à fanons.** Elles possèdent des sortes de fanons en forme de brosses dans la bouche qui leur permettent de filtrer des animaux minuscules, appelés plancton. Ces baleines peuvent peser jusqu'à 80 tonnes. Ce sont des animaux très rares, il n'y a que quelques centaines de baleines franches.

228 **L'orque est le plus grand prédateur de l'océan Arctique.** Ce n'est pas une baleine mais un dauphin ! Appelée aussi épaulard, elle mesure jusqu'à 8 mètres et pèse environ 5 tonnes ! Elle vit en groupe de 5 à 30 individus et chasse les poissons, les phoques, les oiseaux marins et même les baleines !

▶ Pendant la période des amours, les narvals mâles se battent à coup de défenses.

Les visiteurs de l'été

229 Certains animaux migrent vers l'Arctique pour profiter de l'été. À cette période, les jours sont longs et la nourriture est abondante. C'est en automne que les animaux migrateurs retournent dans des régions plus chaudes.

▼ La sterne arctique plonge dans l'eau pour attraper des petits poissons et du krill dont elle se nourrit.

230 De tous les animaux migrateurs, c'est la sterne arctique qui fait le plus long voyage. Elle traverse la planète : en été, elle pond ses œufs en Arctique et retourne en Antarctique pour profiter de l'été austral. Elle parcourt ainsi plus de 30 000 kilomètres par an !

▼ Les oies des neiges volent en grandes formations vers la toundra d'Amérique du Nord. Chaque couple mettra au monde de 2 à 6 poussins.

231 **Le cachalot vit dans tous les océans du monde.** Il se reproduit et donne naissance à son petit dans les mers chaudes mais migre en Arctique pour faire le plein de nourriture : il plonge très profondément pour trouver les poissons et les calamars géants.

▲ Les bébés des baleines grises suivent leur maman pendant le long voyage vers le Nord, mais ils se font souvent attaquer par les requins et les orques.

232 **Les oies nidifient en été au pôle Nord.** C'est le cas, entre autres, de l'oie des neiges ou de la bernache nonette. Elles se nourrissent de plantes et de mousses dans la toundra marécageuse. Elles raffolent aussi des mouches et autres insectes qu'elles trouvent près des points d'eau, le long des rives. À l'arrivée de l'hiver, elles retournent près des côtes de l'océan Atlantique.

233 **Appelée également la baleine à six bosses, la baleine grise vit au large du Pacifique.** En été, elle migre vers la mer de Barents pour s'y nourrir. Ensuite, elle retourne dans les eaux plus chaudes de la Californie ou du Mexique, où elle passe l'été à se reposer ou à se reproduire. Elle parcourt ainsi près de 20 000 kilomètres par an. C'est la plus longue migration de tous les mammifères.

QUIZ

Quel est l'autre nom de :

1. la baleine à six bosses ;
2. l'orque ;
3. la baleine bleue ;
4. l'ours polaire ;
5. le renard polaire.

Réponses : 1. la baleine grise ; 2. l'épaulard ; 3. le rorqual bleu ; 4. l'ours blanc ; 5. l'isatis.

Un été austral...

234 **Pendant l'été, l'océan Antarctique déborde de vie.** La température n'y est certes pas très chaude mais l'eau contient de nombreux nutriments comme, par exemple, le plancton – végétaux ou animaux microscopiques qui se laissent porter par les courants. Il sert de nourriture à bon nombre de poissons et de mammifères marins ainsi qu'aux calamars.

235 **L'abondance de krill (plancton formé de minuscules crustacés) attire les animaux marins, même les plus grands.** Longue de 30 mètres avec un poids de 150 tonnes, la baleine bleue est l'animal le plus grand de la planète. Elle vient passer l'été dans l'océan Austral, comme la baleine à bosse ou le rorqual commun.

236 **Le phoque crabier, l'éléphant de mer et le léopard de mer vivent près des côtes de l'Antarctique.** Le phoque crabier a été appelé ainsi car on a cru très longtemps qu'il mangeait des crabes. Or, il n'en est rien : il se nourrit de krill. Long de 3 mètres environ, le léopard de mer a des taches sombres sur le corps et est un redoutable prédateur carnivore, d'où son nom.

237 **On a baptisé l'éléphant de mer ainsi car le mâle a sur le museau un appendice en forme de petite trompe.** Ce phoque passe des semaines en mer à se nourrir avant de se regrouper en colonies sur les plages pour se reproduire. Chaque mâle peut avoir un harem de 40 femelles !

▼ Ces éléphants de mer mâles se battent pour s'approprier un territoire sans lequel ils ne peuvent avoir de petits. Dressés face à face, ils cherchent à impressionner l'autre tout en essayant de le mordre. Ils peuvent s'infliger de graves blessures jusqu'à en mourir !

238 **L'éléphant de mer plonge plus profond que les autres phoques.** Il peut atteindre des profondeurs de 1 000 mètres et rester sous l'eau pendant plus de 50 minutes avant d'aller respirer à la surface. Il se nourrit de poissons et de calamars ainsi que de crabes et de crevettes qu'il attrape au fond de l'océan.

INCROYABLE !

Alors que la femelle ne mesure que 3 mètres pour un poids de 800 kg, un grand mâle peut atteindre 6 m de long et peser près de 4 tonnes ! Il est 3 à 4 fois plus gros que la femelle. C'est pourquoi les mères protègent leurs petits pour qu'ils ne soient pas écrasés par leur père !

Les eaux de l'Antarctique

239 **D'autres animaux marins que les phoques et les baleines vivent dans les eaux de l'océan Austral.** Par exemple, on y trouve des méduses qui dérivent au gré des courants. Avec leurs longs tentacules, elles piquent leurs proies s'approchant trop près d'elles et les entraînent dans leur bouche, située au milieu de leur corps (appelé ombrelle).

240 **Très souvent, la température de l'océan est en dessous de 0 °C.** Pourtant, l'eau ne gèle pas car elle est salée. Contrairement à l'eau douce, il lui faut une température en dessous de 0 °C pour se solidifier. Tout dépend également de son taux de salinité c'est-à-dire que plus l'eau est salée, plus la température doit être basse pour qu'elle puisse geler ! De plus, les courants et les vagues brisent les cristaux de glace au fur et à mesure qu'ils se forment.

▶ La Desmonema glaciale mesure plus d'un mètre de diamètre et ses tentacules près de 5 mètres de long. Élégante, elle ondule sa silhouette pour se déplacer dans les eaux australes mais on ignore encore à quelle profondeur elle peut descendre !

▼ L'anémone Isotealia vit à une profondeur de 50 à 500 mètres. Elle attrape tout ce qu'elle peut, y compris les méduses et les oursins.

241 **Les anémones de mer ont, comme les méduses, des tentacules urticants avec lesquels elles attrapent leurs proies.** Cependant, elles ne se déplacent pas car leur corps est accroché à un rocher. L'autre extrémité comporte la bouche située au milieu, entourée de tentacules qui paralysent les petits poissons et autres animaux. Ensuite, il ne leur reste plus qu'à les manger !

DEVINETTE

Souples et longs, les animaux qui en ont s'en servent pour toucher ce qui les entoure ou pour attraper leurs proies. Ceux des pieuvres sont plein de ventouses !

Réponses :
Des tentacules

242 **Les scientifiques ont découvert que certains poissons avaient dans leur corps une protéine antigel.** Elles permettent à leur organisme de survivre dans les eaux glaciales de l'Antarctique. L'été, ils passent leur temps à se nourrir mais ils hivernent quand les températures commencent à être trop basses : ils restent dans un abri et deviennent totalement inactifs.

Les oiseaux marins

243 **Tous les ans, des centaines d'espèces d'oiseaux migrent en Antarctique.** Ils y viennent pour se reproduire ou pour se nourrir. Après avoir volé au-dessus de l'océan, ils se posent sur des îles proches du continent, là où les terres ne sont pas gelées.

INCROYABLE !
Un albatros peut voler 1 000 kilomètres sans se poser sur le sol. Pour se nourrir, il rase la surface de l'eau et attrape les poissons avec son bec. Il dormirait en volant !

244 **L'albatros hurleur est l'oiseau qui a les plus longues ailes.** D'une envergure de 3,50 mètres, elles sont étroites et permettent à l'animal de planer en profitant des courants ascendants des vents. Les jeunes ne savent voler que vers l'âge de 8 mois.

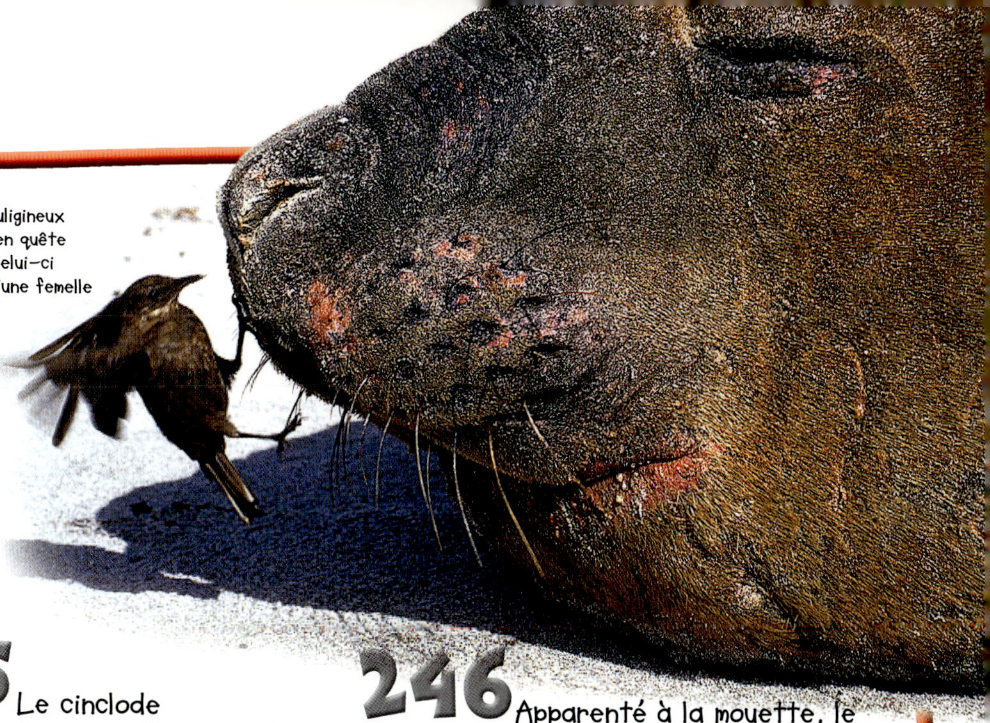

▶ Le cinclode fuligineux est sans cesse en quête de nourriture. Celui-ci picore la peau d'une femelle éléphant de mer.

245

Le cinclode fuligineux est un grand gourmand. Il dévore tout ce qu'il trouve : il pêche les coquillages et les crevettes le long des côtes ou mange les crabes ou les étoiles de mer morts, échoués sur la rive. Peu craintif, il s'approche des nids pour voler la nourriture que les oiseaux régurgitent à leurs petits.

246

Apparenté à la mouette, le labbe de McCormick est un oiseau parasite ! Pour se nourrir, il pêche son poisson en plongeant dans l'eau. Mais, il lui arrive souvent d'attaquer d'autres oiseaux en plein vol, les forçant à lâcher la proie qu'ils ont dans leur bec pour la leur voler !

▶ Grâce à son long bec, le labbe de McCormick perce l'œuf du manchot empereur. Il avale ensuite le liquide ou le poussin qui se trouve à l'intérieur.

Manchots en smoking

247 **Macaroni, antarctique et impérial sont trois espèces des 17 variétés de manchots vivant dans l'hémisphère Sud.** Ils se nourrissent de poissons, de seiches et de krill. Grâce à leur plumage noir sur le dos, on les distingue mal, vus du ciel, quand il nage à la surface de l'eau. Et ils sont difficilement visibles par les prédateurs sous-marins grâce à leur plumage blanc sur le ventre !

Manchot à jugulaire

248 **Ces oiseaux sont d'excellents nageurs mais ne volent pas.** Ils sont couverts de petites plumes qui ressemblent à des écailles très serrées, ce qui rend leur plumage imperméable et l'eau glisse ainsi dessus quand ils nagent. Contrairement aux oiseaux volants, les manchots ont des os pleins et lourds, ce qui leur permet de plonger profondément et longtemps dans la mer pour aller chercher leur nourriture. Le manchot impérial peut rester plus de 15 minutes sous l'eau.

INCROYABLE !
Le plus rapide des oiseaux nageurs est le gentoo ou pingouin papou : on l'a vu nager à plus de 30 km/h.

▶ Les manchots ont une couche de graisse sous leur plumage qui les protége de l'eau glaciale.

249 **Le manchot empereur ne fait pas de nid.** Il couve son œuf entre les pattes et le recouvre de la peau de son ventre. Ainsi, il est bien au chaud et n'est pas en contact avec le sol gelé. Ce n'est pas la femelle mais le mâle qui s'occupe de l'œuf jusqu'à l'éclosion. Pendant ces deux mois de couvaison, le père ne s'alimente pas ! Dès que le petit est né, la femelle revient et les deux parents l'élèvent ensemble.

▶ Le petit du manchot empereur reste sur les pattes de sa mère ou de son père jusqu'à ce qu'il ait perdu son duvet gris. Ensuite, son plumage devenu imperméable, il pourra plonger dans l'eau glaciale pour chercher tout seul sa nourriture.

▲ Le manchot d'Adélie construit son nid avec des petits cailloux.

250 **Certains manchots font des nids en cailloux.** Les manchots papous et d'Adélie en construisent sur le rivage de leur choix. Ils commencent par creuser un trou puis l'entourent d'une couronne de cailloux.

Les peuples du Grand Nord

251 Les régions arctiques sont habitées depuis plus de 10 000 ans ! Aujourd'hui, des peuples vivent dans le nord du Canada, en Scandinavie ou en Sibérie dans des conditions difficiles. On peut citer, entre autres, les Inuits, les Aléoutes, les Koryaks et les Chukchis.

INCROYABLE !

Avec le vent, les températures paraissent encore plus froides. Le vent transperce nos vêtements les plus chauds et chasse immédiatement notre chaleur corporelle. Certaines parties de notre corps sont plus fragiles que d'autres : le nez, les doigts et les orteils peuvent geler en quelques minutes.

252 Autrefois, la vie était très rude ! Les hommes se déplaçaient à pied ou en luge et lorsqu'ils rentraient dans leur abri, il n'y avait ni eau, ni électricité. Maintenant, les motoneiges, les hélicoptères et les brise-glaces permettent de voyager facilement : l'Arctique n'est plus coupé du monde. Les gens peuvent ainsi se déplacer sans difficulté et vivent dans de vraies maisons, bâties en dur, avec des télévisions et des ordinateurs.

▼ Les motoneiges sont équipées de skis à l'avant qui permettent de diriger l'engin et de chenilles à l'arrière pour le propulser. Ici, un Saami franchit un lac couvert de glace et de neige en Finlande.

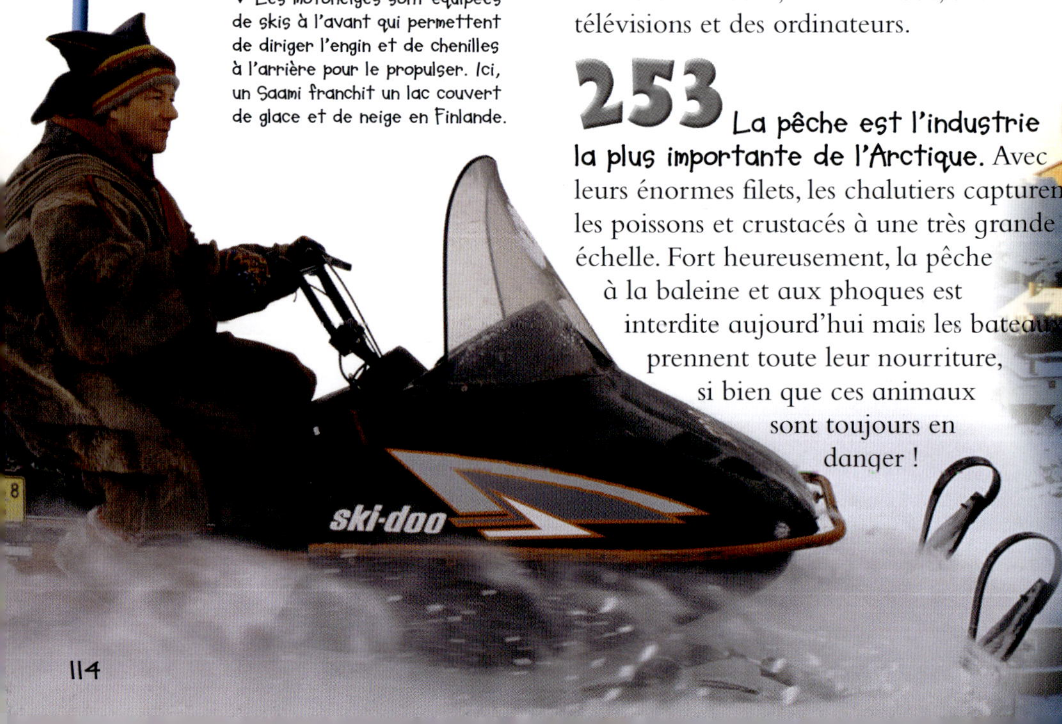

253 La pêche est l'industrie la plus importante de l'Arctique. Avec leurs énormes filets, les chalutiers capturent les poissons et crustacés à une très grande échelle. Fort heureusement, la pêche à la baleine et aux phoques est interdite aujourd'hui mais les bateaux prennent toute leur nourriture, si bien que ces animaux sont toujours en danger !

▶ Avant que n'arrive le progrès technologique, les hommes se nourrissaient beaucoup de poissons qu'ils attrapaient eux-mêmes. Encore aujourd'hui, la pêche traditionnelle tient toujours une place importante. Ici, cet homme a fait un trou dans la glace, y a introduit sa canne à pêche et attend que cela morde !

254 **De nombreux peuples du Grand Nord possèdent des fusils.** Autrefois, ils chassaient les phoques ou autres animaux avec des lances et des hameçons. Cependant, les chasseurs d'aujourd'hui doivent faire preuve de beaucoup de patience : craintifs, les animaux sont difficiles à discerner dans le blanc immaculé de la neige.

255 **La découverte de pétrole, de charbon et de minerais a attiré de nombreux industriels.** Des implantations se sont installées le long des côtes. Comme il n'y a pas de bûches d'arbre à brûler, les maisons sont chauffées avec le pétrole issu des puits non loin ou avec le charbon des mines locales.

▼ Le tourisme prend de plus en plus d'ampleur à Ilulissat, au Groenland. Devenu site classé au patrimoine mondial, les visiteurs viennent admirer les icebergs qui se détachent du glacier Sermeq Kujalleq.

Vivre dans le froid

256 Depuis des millénaires, les peuples de l'Arctique ont vécu dans des conditions extrêmes. Comme les plantes sont rares, ils se nourrissent surtout d'animaux tels les baleines, les phoques, les poissons et les coquillages. Une seule baleine suffit à nourrir un village entier pendant plus d'une semaine !

257 Les animaux n'apportent pas seulement de la nourriture à l'homme. On brûle leur graisse dans les lampes pour se chauffer. On fabrique des vêtements et des bottes imperméables avec la peau des phoques ou des rennes à la fourrure épaisse.

258 Les ustensiles, comme les couteaux, les bols et les cuillères, sont également fabriqués à partir des animaux. Les os et les fanons des baleines, les dents des orques, les bois des rennes, les cornes du bœuf musqué ou les défenses des morses et des narvals sont sculptés et gravés par l'homme !

1. L'homme découpe de grands blocs de neige bien tassée avec une scie adéquate.

2. Les blocs sont mis en cercle tout en étant inclinés légèrement vers l'intérieur.

3. L'homme laisse une toute petite entrée pour qu'il puisse y pénétrer. En forme de dôme, la construction protège du vent et de la neige.

◀ « Igloo » veut dire « maison » en inuit. C'est un dôme de neige construit aujourd'hui pour servir d'abri temporaire lors des expéditions de chasse. Auparavant, les Inuits y habitaient à plus long terme !

▶ Les rames des canoës et des kayaks sont fabriquées avec du bois de dérive, c'est-à-dire des troncs ou des branches d'arbres tombés puis portés par les courants marins. Ici, ce canoë est équipé d'un moteur.

259 Les peuples de l'Arctique sont de grands pêcheurs : ils fabriquent eux-mêmes leurs canoës et kayaks.

Le cadre en bois est recouvert de peaux de phoque enduites de graisse. Les différentes parties sont attachées avec des tendons d'animaux ; il n'y a ni colle, ni clou, ni vis !

260 Le kayak et le canoë sont des bateaux légers, faciles à transporter sur la neige et la glace.

Les grandes embarcations permettent aux familles de transporter leurs biens vers un nouveau site de chasse.

◀ Les espaces entre les blocs de glace sont colmatés avec de la neige. Ainsi, le vent ne peut pas pénétrer à l'intérieur de l'igloo. L'homme doit ramper pour y entrer ou sortir car plus le trou est petit, moins la chaleur s'échappe.

QUIZ

Avec quels animaux les peuples de l'Arctique peuvent-ils fabriquer ces objets ?

A. des bottes
B. un manteau
C. des patins de traîneau

Réponses :
A. de la peau de phoque
B. de la peau de renne
C. des os de baleine

Merveilles du monde

261 Les forêts tropicales font partie des trésors de notre planète. Depuis des millions d'années, elles constituent un environnement unique abritant une immense variété de formes de vie. Elles permettent de lutter contre l'effet de serre, participent au cycle de l'eau et à la régénération des sols.

▼ Dans une forêt tropicale humide, des plantes de toutes sortes se disputent la lumière et l'espace. Elles créent un paysage vert émeraude de sous-bois feuillus et d'arbres imposants.

La forêt tropicale

262 La forêt tropicale est caractéristique des régions tropicales et équatoriales. En réalité, il n'existe pas une mais plusieurs forêts tropicales, selon le type de climat et de sol. Il y a environ 100 millions d'années, elle occupait la quasi-totalité des terres du globe. Elle n'en recouvre aujourd'hui plus que 6%.

263 Les arbres offrent un habitat, c'est-à-dire un milieu de vie, à des millions d'animaux et de plantes. La plupart d'entre eux ne pourraient pas survivre ailleurs. Une raison parmi tant d'autres d'agir pour la préservation des forêts tropicales !

Un toucan toco

264 De tous les milieux de vie sur Terre, c'est dans les forêts tropicales que l'on trouve la plus grande diversité d'êtres vivants. Ces forêts abritent plus de 80 % des insectes connus et la forêt tropicale d'Amérique du Sud compte, à elle seule, 18 000 espèces de plantes différentes. On utilise le mot « biodiversité » pour désigner l'ensemble des êtres vivants partageant un même habitat.

Un tapir

Ornithoptère de la reine Alexandra

265 Les forêts tropicales sont composées de quatre couches principales. Les deux plus basses sont le sol de la forêt (sombre, froid et humide) et le sous-bois (où poussent les plantes de sol). On y trouve des insectes, des grenouilles, des champignons et beaucoup d'autres formes de vie. La couche médiane s'appelle la canopée (la voûte des arbres). Au-dessus, on trouve la couche supérieure : c'est là qu'émergent les plus grands arbres. Les arbres abritent des plantes grimpantes, des mousses, des singes, des lézards, des serpents, des insectes et des milliers d'espèces d'oiseaux.

◀ La plupart des animaux et des plantes de la forêt tropicale vivent dans la canopée. Le sous-bois est très sombre, car la lumière du Soleil a du mal à y percer.

INCROYABLE !

Dans les forêts tropicales, les maisons sont construites avec des matériaux végétaux. Les murs sont faits de branches de palmier ou de bambou. Toits et sols sont en feuilles de palmier tressées.

Agalychnis callidryas ou grenouille aux yeux rouges.

266 Les forêts tropicales abritent des animaux, des plantes mais aussi des hommes. De nombreuses tribus vivent dans les forêts tropicales du monde entier. Elles sont capables d'y trouver de la nourriture, des remèdes et un toit. Certaines d'entre elles conservent un mode de vie traditionnel basé sur la chasse et la cueillette.

Divers types de forêts

267 Les forêts tropicales les plus célèbres sont humides. Ce sont les jungles. Elles se caractérisent par de nombreuses précipitations et une saison sèche très courte. Dans ces forêts, on trouve des arbres immenses, pouvant atteindre 50 m de haut et 2 m de diamètre ! L'ensemble des cimes forme une sorte de toit végétal, appelé la canopée, qui empêche la lumière du Soleil d'atteindre le sous-bois. L'Amazonie est la forêt tropicale humide la plus connue.

▼ Sur le fleuve Amazone, au Brésil, un enfant navigue sur une pirogue fabriquée dans un tronc d'arbre évidé.

268 Les forêts tropicales ne se développent pas toutes sous un climat humide ! Il existe des forêts tropicales sèches ! Elles sont situées dans des zones présentant une saison sèche bien marquée, en Afrique par exemple. Dans les régions tropicales, on trouve aussi des steppes et des savanes.

269 On trouve des forêts tempérées humides abritant les plus grands arbres du monde ! Elles se situent souvent près des océans et bénéficient de précipitations abondantes. C'est le cas par exemple en Californie, aux États-Unis. Le brouillard océanique leur permet de rester fraîches et humides, même en été. On y trouve parfois des séquoias, des arbres géants pouvant atteindre 115 m de haut.

▶ Les séquoias sont des arbres géants qui proviennent de graines minuscules. Ces arbres produisent des cônes qui contiennent jusqu'à 300 graines chacun.

▶ Les arbres de la mangrove développent de longues racines enchevêtrées qui ralentissent le mouvement de l'eau, créant ainsi un habitat naturel pour certains animaux.

270 **Sur le littoral des régions tropicales, on trouve un écosystème particulier appelé la mangrove.** Ce sont des forêts basses qui se développent dans la vase salée des zones côtières soumises aux marées. Les mangroves jouent un rôle important dans la reproduction de certains animaux marins, et dans la protection des côtes.

271 **Les forêts tropicales situées en montagne sont souvent enveloppées de brume.** On les appelle des forêts de nuages ou forêts d'altitude. On en trouve un peu partout dans le monde. Les conditions d'humidité permanente favorisent le développement de plantes comme les mousses, les fougères et les hépatiques. Le tronc et les branches des arbres d'une forêt de nuages peuvent être entièrement recouverts d'un manteau de mousse vert et brillant.

▶ Les forêts de nuages semblent être des endroits bien mystérieux, car une fine brume y enveloppe en permanence arbres et plantes.

UN ARBRE DANS TES BRAS !

Promène-toi en forêt et apprends le nom de certains arbres. Prends un carnet à dessin pour rapporter quelques croquis. Observe les arbres et essaie d'entourer leur tronc avec tes bras. Peux-tu en trouver un qui soit si gros que tes doigts ne se touchent pas ?

Où dans le monde ?

AMÉRIQUE DU NORD

AMÉRIQUE DU SUD

équateur

273 **Les forêts tropicales se situent dans les régions proches de l'équateur.** Au sud de l'équateur, on trouve la zone du tropique du Capricorne, tandis qu'au nord se trouve la zone du tropique du Cancer. Ces forêts s'étendent entre les deux tropiques et suivent l'équateur : on les appelle aussi forêts tropicales équatoriales.

▼ Les grizzlis vivent dans des forêts proches de la côte du Pacifique. Ils chassent le saumon dans les rivières froides.

272 **Des vents humides et des brouillards froids en provenance de l'océan Pacifique balayent les côtes de l'Amérique du Nord, créant un climat idéal pour les forêts tempérées humides.** Ce climat est parfait pour les arbres à feuillage persistant (les sempervirents), les conifères géants qui y poussent. Ces forêts sont habitées par des ours noirs, des pumas et des cerfs à queues noires.

274 **L'Amazonie est une immense forêt tropicale d'Amérique du Sud qui s'étend sur le Brésil et sur plusieurs pays voisins.** Plus au sud, au Chili, on trouve des forêts tempérées humides, enveloppées d'un brouillard froid. Dans ces forêts poussent des arbres très anciens qu'on appelle des alerces : le plus vieux aurait plus de 4 000 ans.

◄ Les piranhas sont des poissons de l'Amazone aux dents tranchantes. Ils se nourrissent de toutes sortes d'animaux, dont d'autres poissons et des escargots.

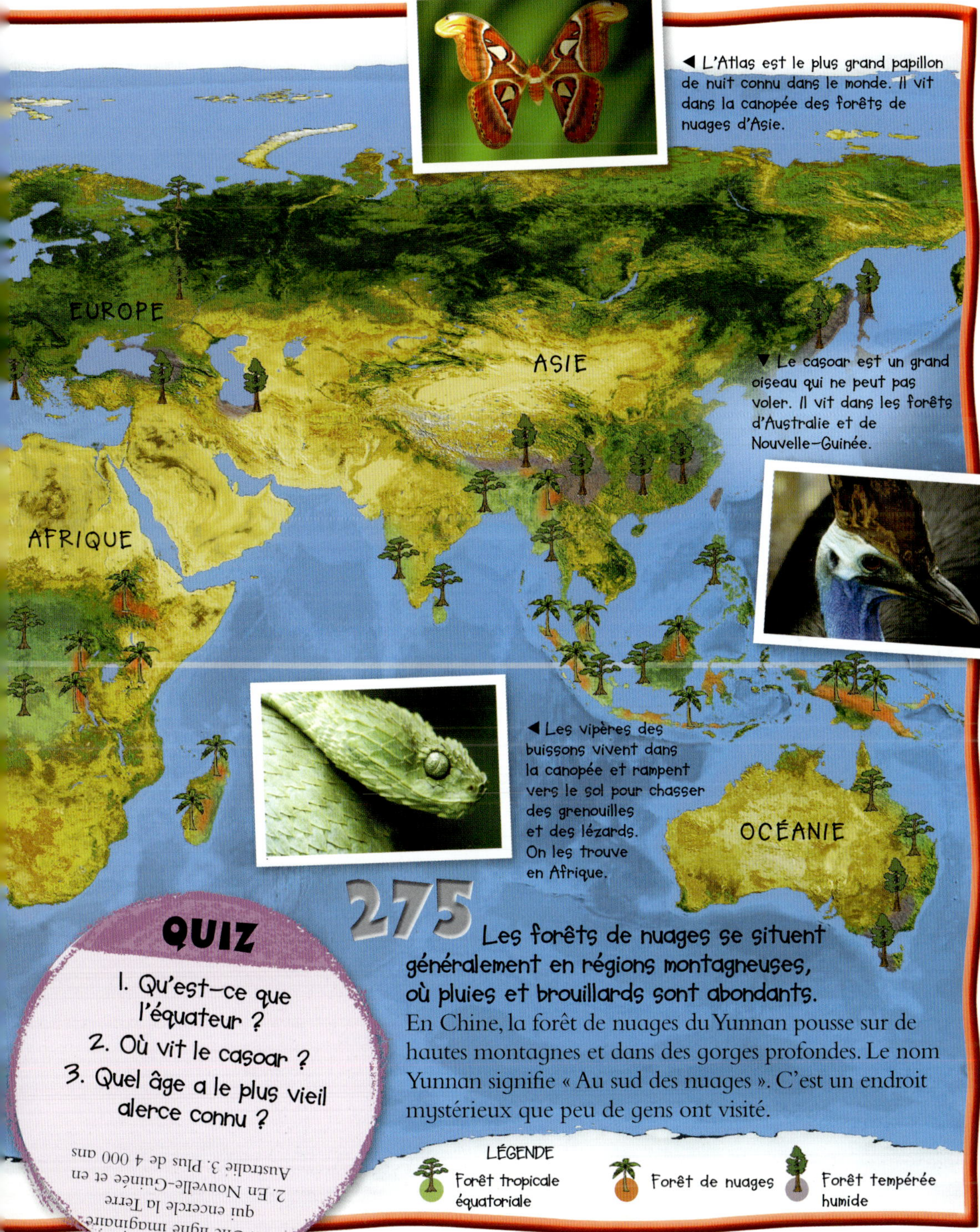

◀ L'Atlas est le plus grand papillon de nuit connu dans le monde. Il vit dans la canopée des forêts de nuages d'Asie.

▼ Le casoar est un grand oiseau qui ne peut pas voler. Il vit dans les forêts d'Australie et de Nouvelle-Guinée.

◀ Les vipères des buissons vivent dans la canopée et rampent vers le sol pour chasser des grenouilles et des lézards. On les trouve en Afrique.

275

Les forêts de nuages se situent généralement en régions montagneuses, où pluies et brouillards sont abondants. En Chine, la forêt de nuages du Yunnan pousse sur de hautes montagnes et dans des gorges profondes. Le nom Yunnan signifie « Au sud des nuages ». C'est un endroit mystérieux que peu de gens ont visité.

QUIZ

1. Qu'est-ce que l'équateur ?
2. Où vit le casoar ?
3. Quel âge a le plus vieil alerce connu ?

1. Une ligne imaginaire qui encercle la Terre 2. En Nouvelle-Guinée et en Australie 3. Plus de 4 000 ans

L'arbre, un espace de vie

276 Le noyer du Brésil produit des fruits comestibles. Ces fruits (les noix du Brésil) sont contenus dans une coque de la taille d'un melon, et dure comme une pierre. Ces arbres offrent un habitat et de la nourriture à de nombreux êtres vivants.

▲ Dans chaque coque ronde, on trouve de 12 à 24 graines et plusieurs noix à l'intérieur de chaque graine.

277 Quand les coques sont mûres, elles tombent sur le sol. Seul l'agouti (un rongeur de la taille d'un chien) a les dents assez dures pour briser les coques de ces fruits et se régaler des délicieuses noix du Brésil. Les agoutis enterrent certaines de ces noix pour se faire une réserve mais les oublient parfois et des arbres poussent.

278 Les figuiers étrangleurs poussent autour du tronc des arbres des forêts tropicales. Au fil des années, le figuier grandit jusqu'à étouffer complètement son hôte. Une fois que l'arbre hôte est mort, il ne reste plus que les racines enchevêtrées et les branches du figuier, qui forment une sorte de sinistre squelette.

◄ Les dents de l'agouti se reconstituant sans cesse, il peut briser les coques des noix tout au long de sa vie.

▼ Les fleurs du noyer du Brésil s'ouvrent avant le lever du soleil.
À la fin de la journée, toutes se referment.

280 Les noyers du Brésil dépendent d'une seule espèce d'insecte pour survivre : l'abeille Euglossine. C'est le seul insecte qui est assez fort pour percer le capuchon de leurs lourdes fleurs pour les féconder. Ainsi, elles deviendront graines et noix.

Une abeille Euglossine mâle

►Les abeilles Euglossine femelles butinent les fleurs du noyer du Brésil pour se nourrir de leur nectar, alors que les mâles récoltent le parfum des orchidées pour attirer les femelles.

279 Les feuilles qui tombent au pied des arbres tropicaux disparaissent rapidement. La matière morte (qu'on appelle des déchets végétaux) se décompose peu à peu sous l'action des champignons. C'est une méthode naturelle de recyclage qui s'appelle la décomposition : les déchets végétaux se transforment ainsi en humus. L'humus réintègre le sol de la forêt et permet aux autres plantes de se nourrir.

◄Un arbre de noix du Brésil peut mesurer jusqu'à 60 mètres de haut et produire plus de 100 kilogrammes de noix par an.

281 Quand un certain nombre d'êtres vivants dépendent les uns des autres pour survivre dans leur milieu naturel, ils forment un ensemble qu'on nomme un écosystème. Les forêts tropicales forment de grands écosystèmes, et le noyer du Brésil en est un petit. Quand un noyer du Brésil est abattu, de nombreuses autres formes de vie qui en dépendent, meurent avec lui.

Incroyable Amazonie

◀ Un dynaste Hercule d'Amazonie peut mesurer jusqu'à 17 cm de long. C'est l'un des plus grands insectes du monde.

282 La forêt amazonienne est la plus grande forêt tropicale équatoriale du monde. Elle couvre 6 millions de km^2, ce qui équivaut presque à la superficie de l'Australie. D'après nos connaissances, près de la moitié des espèces de plantes et d'animaux du monde vivent en Amazonie.

283 Le fleuve Amazone serpente dans la forêt, source de vie pour nombre d'habitants. C'est l'un des plus grands fleuves du monde : il s'étire sur près de 6 400 km avec un débit moyen de 175 000 m3/s soit plus de 100 fois le débit du Rhône. Les humains et les animaux qui vivent en forêt utilisent le fleuve pour se déplacer, se nourrir et s'approvisionner en eau.

284 Les spécialistes des insectes qui partirent en Amazonie dans les années 1840 découvrirent plus de 8 000 nouvelles espèces de scarabées. Alfred Wallace et Henry Bates furent parmi les premiers scientifiques à réaliser que cette forêt tropicale renfermait un fantastique éventail de formes de vie animales et végétales n'existant nulle part ailleurs. Charles Darwin la décrivait comme une « immense serre sauvage, luxuriante et désordonnée ».

▼ L'ensemble du fleuve Amazone représente 20% des réserves en eau douce de la Terre.

285 Les eaux de l'Amazone abritent diverses sortes d'animaux et de plantes. Des nénuphars géants de 2 mètres de large poussent dans les parties calmes du fleuve, mais sous l'eau rôdent des alligators affamés, des piranhas aux dents acérées, des dauphins d'eau douce ou des loutres géantes du Brésil.

286 Il y a plus de 400 espèces de reptiles, comme des serpents et des lézards, dans la forêt tropicale d'Amazonie. Il y a aussi plus de poissons d'eau douce dans le fleuve Amazone que partout ailleurs dans le monde, et plus de 225 sortes d'amphibiens (comme les grenouilles et les crapauds) qui vivent dans ses eaux.

▶ Pour profiter de la chaleur du Soleil, les grands iguanes verts aiment s'étendre sur les branches qui bordent le fleuve Amazone.

INCROYABLE !

Les sangsues géantes d'Amazonie peuvent atteindre jusqu'à 30 centimètres de long ! Elles sucent le sang des animaux pour se nourrir à l'aide de dents tranchantes, d'une salive anesthésiante et anticoagulante.

Les peuples d'Amazonie

287 **C'est en 1540 qu'un explorateur espagnol s'aventura sur le fleuve ; il le nomma alors Amazone.** En descendant le fleuve, Francisco de Orellana livra une bataille contre les Indiens Tapuyas, dont les cheveux longs lui rappelèrent les guerrières mythiques décrites par les Grecs anciens : les amazones. Il décida de nommer le fleuve « Amazone » en leur hommage.

▶ Le peuple Yanomani construit d'immenses huttes circulaires appelées *shabonos*. La nuit, les jeunes gens dorment dans des hamacs, en dehors des *shabonos*.

288 **Au XVIe siècle, quand arrivèrent les Européens, environ 7 millions de personnes vivaient dans la forêt tropicale amazonienne.** Aujourd'hui, 500 ans plus tard, il en reste moins d'un million. Les peuples d'Amazonie vivent en groupes ou en tribus : ils ont chacun leur langue et leur culture.

289 **De nos jours, le peuple Yanomani vit encore selon ses anciennes traditions.** Les villageois partagent une grande maison, le shabono. Les femmes cultivent le maïs, le manioc, la patate douce et les hommes chassent à l'aide de sarbacanes, d'arcs et de flèches. La forêt est l'école des enfants, le lieu où ils apprennent à survivre et à protéger leur milieu de vie, la jungle.

◀ Un village Yanomani est composé de plusieurs familles. Les villageois vivent, travaillent et jouent ensemble, se transmettant leurs traditions et leurs connaissances.

290

Le peuple Embera utilise le venin produit par certaines grenouilles de la forêt tropicale pour chasser le gibier. Les hommes frottent la pointe de leurs fléchettes sur le dos de ces grenouilles avant de s'en servir dans leurs sarbacanes. Le dendrobate « kokoï » est assez venimeux pour tuer dix hommes. Ces dernières années, de nombreuses espèces de grenouilles de la forêt tropicale se sont éteintes, mais personne ne sait pourquoi.

▲ Le corps du « kokoï » est enduit d'un venin.

291

Certains peuples d'Amazonie vivent dans des zones reculées de la forêt tropicale ; ils doivent cependant faire face à un avenir incertain. De vastes zones de l'Amazonie sont colonisées par des entreprises qui abattent les arbres ou exploitent des mines. Elles détruisent de grandes parties de la forêt, obligeant ses habitants à vivre ailleurs.

▶ Les femmes Embera lavent leur linge et préparent leur nourriture dans les rivières et les lacs, mais aujourd'hui ceux-ci sont souvent pollués.

Les forêts d'Océanie

292 Il y a des centaines de millions d'années existait un continent gigantesque, le Gondwana. Il y a près de 140 millions d'années, le Gondwana a commencé à se morceler. L'Australie, la Nouvelle-Zélande et la Nouvelle-Guinée ont fini par se séparer et n'ont plus de contact avec le reste des terres. L'évolution des espèces animales a été très différente de celle des autres régions du globe.

293 Se promener dans les forêts de nuages de Nouvelle-Guinée est une expérience incroyable. L'air est moite et le sol est recouvert de plantes, en particulier de mousses et de fougères. Quand les nuages crèvent, tout être vivant est aussitôt trempé par des pluies torrentielles.

294 On trouve des dragons dans la forêt tropicale australienne, prêts à se jeter sur tout ce qui bouge. Ce ne sont pas de vrais dragons, mais des lézards appelés « lézards à collerette » qui attaquent les insectes, pas les hommes ! Ils vivent dans les arbres où les motifs de leurs écailles leur permettent de se dissimuler.

▶ Les kangourous arboricoles d'Australie sautent de branche en branche. Quand on les effraie, ils peuvent descendre du haut des arbres d'un seul bond gigantesque.

INCROYABLE !

Ces 200 dernières années, la plupart des forêts tropicales australiennes ont été remplacées par des fermes et des villes. Si le casoar à casque (une espèce menacée) venait à s'éteindre, 150 plantes de la forêt qui comptent sur lui pour disséminer leurs graines disparaîtraient aussi.

◀ Les lézards à collerette restent totalement immobiles à l'affût de leur proie, puis fondent sur elle en un instant.

▼ Les familles Korowai vivent dans des huttes perchées haut dans les arbres. Elles mangent du sagou (une substance végétale), des larves de scarabée et chassent le cochon sauvage.

295 **Pendant le dernier âge de glace, des glaciers recouvraient certaines parties de la Nouvelle-Zélande.** Aujourd'hui, le climat étant plus chaud, des forêts tropicales humides et fraîches ont remplacé les glaciers. La forêt de Fiordland abrite le takahé, un oiseau qui ne sait pas voler. Il n'existe que dans cette région.

296 **Les populations tribales de l'île de Nouvelle-Guinée vivent dans des maisons à 50 mètres du sol.** Les tribus Korowai et Kombai bâtissent leurs maisons dans les arbres pour se défendre en cas de guerre ou se protéger des animaux et des insectes, en particulier des moustiques porteurs de maladies.

Magique Madagascar

297 Madagascar est la quatrième plus grande île du monde. Elle se trouve à l'est de l'Afrique, dans les eaux chaudes de l'océan Indien. Ses forêts tropicales couvrent 10 000 km² et se situent principalement sur la côte est de l'île.

298 Quand Madagascar se sépara du reste de l'Afrique, il y a environ 165 millions d'années, sa faune et sa flore commencèrent à évoluer de façon unique. Cette région tropicale est aujourd'hui un paradis pour certains animaux comme les lémuriens ou les lézards colorés appelés caméléons. Entre 80 et 90 % des 250 000 espèces qui vivent là, n'existent nulle part ailleurs. On ne cesse d'en découvrir de nouvelles.

▼ Les lémurs catta (ou makis mococo) vivent en groupe ; ils sont dirigés par des femelles. Ils se nourrissent de plantes et contrairement à la plupart des lémuriens, ils passent la majeure partie de leur temps au sol.

299 Les lémuriens sont des animaux à grandes pattes et longue queue touffue, qui sautent d'arbre en arbre. Ils sont parents des singes et des primates et, comme leurs cousins, ce sont des créatures intelligentes et curieuses. Le maki vit dans des groupes familiaux qui rassemblent jusqu'à 25 membres. Ils aiment s'asseoir au soleil, mais se dispersent en un instant si un membre du groupe émet un cri d'alarme, signe de danger proche.

◀ Il existe plus de 3000 espèces de papillons à Madagascar dont beaucoup ne vivent que sur l'île.

300

Les hommes peuplent Madagascar depuis environ 2 000 ans. Des voyageurs en provenance d'Arabie, d'Asie, d'Afrique, d'Indonésie mais aussi d'Europe, s'y sont installés. Quatre adultes sur cinq gagnent leur vie grâce à l'agriculture. Plus de 90 % des forêts tropicales de Madagascar ont été détruites pour fournir des terres cultivables à la population croissante.

◀ La pervenche de Madagascar est utilisée pour fabriquer des médicaments qui combattent le diabète, le paludisme...

301

La jolie pervenche de Madagascar pousse dans les forêts tropicales de l'île : on l'utilise pour combattre le cancer. Elle contient des composants servant à fabriquer des médicaments qui luttent contre cette maladie mortelle. La pervenche de Madagascar est menacée à l'état sauvage, car son habitat naturel a été en grande partie détruit.

INCROYABLE !

Les lémuriens de Madagascar abritent des mille-pattes géants dans leur fourrure. Les scientifiques ont découvert que cet insecte dépose sur son passage des substances chimiques qui éloignent les mouches et les puces des lémuriens : un véritable répulsif naturel !

▶ L'aye-aye de Madagascar se nourrit de larves et d'insectes nichant dans le tronc des arbres. Il tapote le tronc pour repérer le bruit des larves qui se déplacent à l'intérieur puis les déloge grâce à son très long doigt.

Aventures africaines

▲ La forêt tropicale centrafricaine abrite plus de 11 000 espèces de plantes et plus de 400 sortes de mammifères, comme l'éléphant de forêt d'Afrique.

302 **La forêt tropicale du Congo (ou forêt tropicale centrafricaine) se trouve au centre de l'Afrique, dans le bassin fluvial du fleuve Congo.** Au niveau de la superficie, c'est la deuxième plus grande forêt tropicale (2 fois la France). Elle s'étend sur 16 pays dont le Cameroun et le Gabon.

303 **Avant que des explorateurs européens ne s'aventurent dans les forêts d'Afrique, les habitants vivaient en harmonie avec leur environnement.** Ils vivaient de la chasse et de la cueillette, ne tuaient que les animaux dont ils avaient besoin et cueillaient les fruits à la main.

304 **Se promener dans la forêt tropicale africaine est un véritable défi !** La végétation entrave chaque pas et des sons étranges s'élèvent de partout, comme des couinements, des trilles, des chants, des pépiements, des grognements et des rugissements. Des araignées et des serpents mortels rôdent dans les coins sombres, et certains insectes (qui piquent ou qui mordent) peuvent repérer une odeur humaine en quelques secondes.

◀ Les perroquets gris du Gabon vivent en groupes au sommet des arbres. Ils se nourrissent de fruits et de graines.

305 Le peuple Twa de Centrafrique est un peuple de pygmées ; ces hommes sont inhabituellement petits. Ils ont vécu pendant des milliers d'années dans les forêts tropicales africaines grâce à la chasse et la récolte du miel. Quand les fermiers détruisirent les forêts des Twa, ces derniers se retrouvèrent sans habitations et sans nourriture. La plupart d'entre eux vivent aujourd'hui dans une grande pauvreté.

▶ Certains hommes Twa escaladent encore les arbres pour récolter du miel, mais la plupart des membres de cette tribu ont été contraints de quitter leur forêt natale.

306 Les bois durs d'Afrique sont prisés pour leur grande beauté et leur longévité. Ces bois proviennent des arbres tropicaux et sont utilisés depuis des siècles pour fabriquer des meubles et des objets décoratifs de grande qualité. L'acajou, l'ébène et le teck sont tous des bois exotiques des forêts tropicales d'Afrique.

▼ Les Nations Unies estiment que les 2/3 de la forêt tropicale du Congo n'existeront plus en 2040.

QUIZ

Trois de ces pays se trouvent en Afrique, et trois en Amérique du Sud. Peux-tu les replacer sur leur continent d'origine ?

Colombie Guyane
Gabon Brésil
Congo Ghana

Afrique : Congo Gabon Ghana
Amérique du Sud : Brésil
Colombie Guyane

En Extrême-Orient

307 **Le mot « jungle » vient du sanskrit « gangala » qui signifie « lieu sauvage ».** La plupart des forêts tropicales d'Asie s'étendent de l'Inde au Bhoutan et à la Malaisie, ou sur les îles tropicales comme Sumatra.

▼ Les orangs-outangs vivent la majeure partie de leur temps dans les arbres, mais il leur arrive d'aller au sol ou dans l'eau.

308 **Les forêts de nuages de Bornéo procurent abri et nourriture à l'un des primates les plus menacés du monde.** Les orangs-outangs vivent dans les arbres et se nourrissent des fruits de plus de 400 sortes d'arbres, surtout de durians et de figues. Quand ils ne trouvent pas de fruits, ils mangent des feuilles et des écorces.

309 **Les sagoutiers, palmiers « comestibles », offrent une importante source de nourriture : le sagou.** Les femmes le préparent à partir de la moelle (la matière spongieuse de l'intérieur du tronc ou d'une branche). Elles émincent cette moelle et la font tremper pour la transformer en une sorte de pulpe. En séchant, cette pulpe se transforme en farine qui peut être cuisinée. Les populations tribales sont également friandes des larves de sagou : de gros vers qui vivent à l'intérieur des palmiers en décomposition.

◀ L'aigle des singes a une envergure de plus de 2 mètres. C'est un formidable prédateur capable d'attraper au vol des proies comme les lémuriens. Il est menacé d'extinction car plus de 90 % de son habitat naturel (la forêt des Philippines) ont été détruits.

311 **« Orang Asli » est le nom que portent les populations des forêts tropicales de Malaisie. Elles ont récemment mené un dur combat pour leur survie.** En Malaisie, les “ Orang Asli ” étaient souvent capturés et vendus comme esclaves aux chefs locaux. Ils vivent encore nombreux dans la forêt tropicale, où ils chassent le singe avec des sarbacanes de bambou.

310 **Surnommé le seigneur de la jungle, l'aigle des singes plane au-dessus des forêts tropicales asiatiques, chassant les singes et les écureuils.** C'est l'un des plus grands rapaces (oiseaux de proie) du monde, mais aussi l'un des plus menacés. Il n'en reste probablement pas plus de 500 à ce jour.

Les forêts de nuages

312 **Au Costa Rica, dans la forêt de nuages de la réserve de Monteverde, on peut faire des excursions dans la canopée !** Les randonneurs progressent d'arbre en arbre grâce à des câbles et des filets tendus entre les branches. C'est au milieu des nuages qu'ils découvrent ainsi la forêt. Au sol, tout est mouillé, car bruines et pluies se succèdent toute la journée.

▲ Les bradypes (ou paresseux tridactyles) sont des mammifères aux mouvements lents. Le camouflage est leur seule défense contre leurs prédateurs, généralement des jaguars.

▼ Dans les forêts de nuages du parc national des Virunga en Afrique, vivent les gorilles des montagnes. Ces animaux robustes et plutôt pacifiques sont protégés mais chassés par les braconniers : ce sont des animaux très menacés.

313 **Dans les forêts de nuages d'Amérique centrale, on trouve des animaux appelés des « paresseux ».** Ces animaux sont célèbres pour leur mode de vie original. Ils se suspendent aux branches des arbres et peuvent dormir à l'envers plus de 18 heures par jour, ne descendant au sol qu'une seule fois par semaine ! Des plantes poussent dans leur fourrure, ce qui constitue un excellent camouflage !

314 Les épiphytes sont des plantes qui, pour pousser, se servent d'autres plantes.

Les épiphytes sont des plantes qui, pour pousser, se servent d'autres plantes. Dans les forêts tropicales, elles émergent des nœuds et fissures des branches d'arbres, afin d'avoir accès à plus de lumière qu'elles n'en auraient au sol. Les plantes épiphytes ne sont pas des parasites : elles ne se nourrissent pas grâce à leur hôte.

▲ Les arbres des forêts de nuages sont recouverts d'épiphytes, et des racines poussent de leurs troncs comme de leurs branches. Ces racines pendantes peuvent mesurer des dizaines de mètres. Elles absorbent l'eau de l'atmosphère humide.

◄ Les deux plumes présentes sur la queue du quetzal mâle en font un oiseau tout à fait remarquable.

315 Le quetzal

Le quetzal de la forêt de nuages de Mexico, possède un plumage très coloré. Au temps des Mayas, il était sacré. Le quetzal mâle (qui tire son nom du dieu Quetzalcóatl, dont il est l'une des incarnations) a les plus longues plumes caudales de tous les oiseaux de la région. Il est souvent considéré comme l'un des plus beaux oiseaux du monde. Les quetzals sont friands des fruits d'aguacatillos, de petits avocats. Ces animaux sont aujourd'hui menacés d'extinction.

IMITE LE PARESSEUX !

Mesure 3 mètres sur le sol. Combien de temps te faut-il pour couvrir cette distance ? Probablement très peu ! Maintenant, essaie de parcourir cette même distance aussi lentement que possible, en une minute par exemple. Ensuite, fais la même chose la tête en bas (mais non, c'est une blague !)

Des plantes étonnantes

316 Les forêts tropicales abriteraient plus de 50 % de la diversité spécifique terrestre. Les plantes ont un rôle important car, en s'enracinant dans le sol, elles empêchent la pluie de l'emporter. De plus, elles absorbent le dioxyde de carbone présent dans l'air et restituent de l'oxygène, le gaz que nous respirons.

317 L'une des plantes les plus nauséabondes est l'énorme *arum titan*. Cette curieuse fleur, plus grande qu'un homme, produit une odeur pestilentielle pour attirer les insectes, qui la pollinisent. L'*arum titan* ne fleurit que tous les dix ans environ !

◀ L'*Arum titan* n'existe à l'état sauvage que sur l'île indonésienne de Sumatra. Il dégage une odeur de viande pourrie.

▶ En Asie du Sud-Est, les *durians* ont une valeur culturelle, sociale et marchande : ce sont les « rois des fruits ».

318 L'odeur d'un *durian* peut se repérer à des centaines de mètres à la ronde ! Les voyageurs qui parcourent les forêts tropicales d'Asie du Sud-Est disent que les durians sentent le poisson pourri, les égouts ou le putois. Mais cela ne dérange ni les habitants de la région, ni les animaux, qui se délectent de sa chair au goût si particulier.

▶ Regarde à l'intérieur d'une plante carnivore et tu verras comment elle capture les insectes.

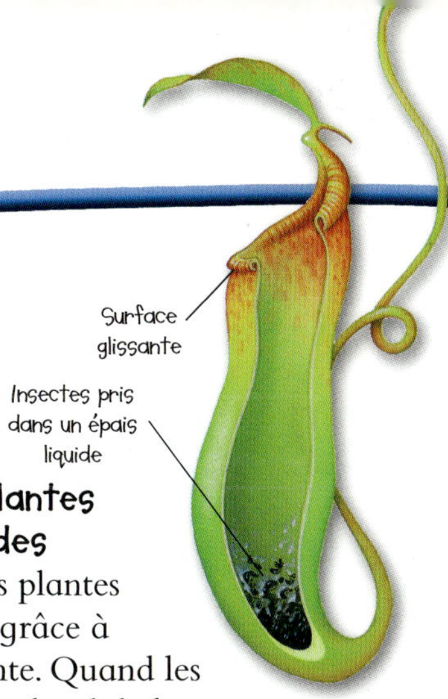

INCROYABLE !

Le liquide contenu dans les plantes carnivores serait épaissi par une sorte de bave qui absorberait les insectes à la façon des sables mouvants. Elle serait utile à la fabrication de produits luttant contre les insectes nuisibles.

319 **Les plantes carnivores sont des tueuses.**

Ces jolies plantes dupent les insectes grâce à leur odeur alléchante. Quand les insectes se posent au bord de leur corolle, ils glissent sur sa surface cireuse qui les envoie droit au piège. La plante produit un liquide qui digère le corps de l'insecte et le dissout en quelques heures. L'énorme *Nepenthes rajah* peut même digérer des souris et des oiseaux !

320 **La plus grosse fleur de la Terre, *Rafflesia*, ne possède ni tige, ni racine, ni feuille.**

Cette fleur peut atteindre un mètre de diamètre et dégage une forte odeur de viande en décomposition. La *Rafflesia* vit en parasitant d'autres plantes, c'est-à-dire qu'elle vole l'eau et les nutriments de son « hôte ».

Se déplacer

◀ On trouve des serpents-lianes dans toutes les forêts tropicales du monde.

321 **Les forêts tropicales sont si denses qu'il n'est pas toujours facile de s'y déplacer.** Les arbres, les racines et les arbustes occupent l'espace et il y a très peu de sentiers naturels. Les animaux doivent donc voler, se balancer, ramper ou sauter pour se procurer leur nourriture, rejoindre leur abri et leurs congénères.

322 **Dans les forêts tropicales, un noir d'encre s'abat dès que le soleil se couche.** Les animaux qui chassent de nuit sont appelés des prédateurs nocturnes. Certaines chauves-souris utilisent l'écholocalisation, une sorte de sixième sens qui repère les vibrations émises par les proies. D'autres animaux comme les roussettes utilisent leur vue exceptionnelle.

323 **Les serpents-lianes, au long corps très fin semblable à une branche, peuvent se mouvoir sans bruit parmi les arbres.** Une fois la queue fermement enroulée autour d'une branche, ce serpent se laisse pendre à l'affût d'une proie qu'il pourra attraper et tuer d'une seule morsure venimeuse.

▲ Les gibbons se balancent d'arbre en arbre grâce à leurs bras longs et forts. Ce mouvement s'appelle la brachiation.

324 **Les geckos sont des reptiles qui peuvent marcher à l'envers le long des branches grâce aux millions de petits poils poussant sous les doigts de leurs pattes.** Ces poils sont trop petits pour être vus à l'œil nu, mais ils créent un ensemble qui adhère suffisamment pour que le lézard grimpeur ne tombe pas. Après de multiples recherches, des scientifiques britanniques ont réussi à créer une bande adhésive imitant la patte du gecko.

325 **Certains singes, comme le capucin moine, ont des queues préhensiles, qui leur permettent de s'accrocher aux branches.** D'autres, comme le gibbon, se servent juste de leurs bras. Les singes parcourent ainsi la forêt d'arbre en arbre, à la recherche d'insectes et de fruits à manger. Ils peuvent parfois courir au sol, tout en gardant un œil vigilant sur les jaguars.

◀ Comme les autres fauves, les jaguars bougent furtivement et en silence. Les coussinets de leurs pattes sont couverts de poils, ce qui permet d'étouffer le bruit de leurs pas.

QUIZ

Un singe se déplace sur la cime des arbres à la vitesse de 4 km/h.
Quelle distance couvrira-t-il en 15 minutes ?
a) 15 mètres b) 5 kilomètres
c) 1 kilomètre

1 kilomètre

Histoires de plumes

326 Les oiseaux de paradis, appelés aussi paradisiers, sont les joyaux de la forêt tropicale. Les mâles arborent en effet des plumages aux couleurs extraordinaires, indispensables pour attirer les femelles. La parade nuptiale de ces oiseaux est très complexe, et comporte parfois des poses, des danses et des chants !

327 La parade amoureuse du coq de roche mâle est extraordinaire ! Des groupes de mâles, aux têtes orange vif, se rassemblent sur une « aire de parade » et se lancent dans une incroyable tentative de séduction. Ils dressent leur crête, agitent les ailes, remuent la tête… La femelle choisit le mâle qui l'a le plus impressionnée.

▼ Les coqs de roche mâles ne se cachent jamais derrière des couleurs ternes. Leur plumage saisissant attire les femelles, mais aussi des prédateurs.

328 Le paradisier de Raggi possède des plumes rouges écarlates, qu'il ne dévoile que lors de la parade amoureuse ! Les mâles sont dotés d'une tête jaune or et d'une gorge d'un vert profond. Leur bec est gris. Cette espèce vit dans les arbres, en solitaire. Elle est dotée de doigts, qui lui permettent de s'accrocher fermement aux branches des arbres lorsqu'elle se balance pour exhiber son plumage.

INCROYABLE !

Les colibris, appelés aussi oiseaux-mouches, sont de minuscules oiseaux très colorés, capables de voler en arrière ou sur place. Ils se nourrissent du nectar sucré des fleurs.

▼ Quand le paradisier de Raggi se repose, sa rangée de plumes rouge-orange est cachée, mais si une femelle s'approche... Il la déploie fièrement.

329 **Les oiseaux de paradis ou paradisiers vivent en Australie, en Nouvelle-Guinée et sur certaines îles d'Asie.** Il y a quelques centaines d'années, des cadavres de paradisiers, dont les pattes avaient été coupées, furent envoyés en Europe. Les scientifiques européens en déduisirent que ces oiseaux ne pouvaient pas se poser au sol avant leur mort car ils venaient tout droit du paradis. C'est l'origine de leur nom.

Un kaléidoscope de couleurs

Un heliconius melpomene

Un papillon malachite

Un morpho menelaus (morpho bleu)

▲ Les ailes de nombreux papillons sont couvertes de minuscules écailles qui reflètent les rayons du Soleil.

330 **Le vert est la couleur dominante des forêts tropicales, mais les animaux qui y vivent arborent souvent des couleurs vives et brillantes.** Dans un milieu où il est facile de se dissimuler, ces couleurs voyantes permettent de faire passer des messages aux autres animaux.

▶ La grenouille des fraises venimeuse du Costa Rica a des couleurs vives : elle signale ainsi que sa peau est recouverte d'un venin mortel.

331 **Tandis que certains animaux utilisent la couleur pour attirer l'attention, d'autres s'en servent pour se cacher.** De nombreux insectes comme les phasmes géants arborent des motifs marbrés verts, gris ou bruns pour se fondre dans leur environnement. Le camouflage est une façon d'éviter d'être mangé dans la jungle, mais il y a bien d'autres façons de rester en vie.

◀ Le phasme géant peut mesurer jusqu'à 30 centimètres de long.

332 **Le sol de la forêt est jonché de petits « chapeaux » vivement colorés.** Ces petites excroissances qu'on appelle des champignons sont en fait des mycètes. Ces êtres vivants sont similaires aux plantes mais n'ont pas besoin de la lumière du Soleil. L'orange, le doré, le rouge, le bleu et le jaune sont les couleurs courantes des mycètes ; elles signalent aux herbivores que les mycètes contiennent du poison.

▲ Les caméléons changent de couleur rapidement pour se camoufler mais aussi pour se rendre attirant auprès des femelles.

CACHE-CACHE

Avec l'aide d'un adulte, cherche sur Internet quels camouflages utilisent ces insectes pour survivre :
La mante religieuse
Le greta oto
Le thysania agrippina
La feuille morte du chêne
Les phyllies

333 **Les caméléons sont les maîtres du camouflage.** Ces lézards sont capables de changer la couleur de leur peau en fonction de la chaleur, de la lumière et de leur humeur. Quand les caméléons se sentent calmes et détendus, ils sont généralement verts, mais ils peuvent virer au jaune en un instant s'ils sont en colère.

▼ Les champignons poussent sur les vieux arbres et les feuilles en décomposition du sol de la forêt.

Un satyre voilé

334 **L'ara rouge ou ara macao est l'oiseau national du Honduras.** Il se nourrit de fruits et de graines, mais il fréquente parfois les bords des rivières pour y manger de l'argile. Cette argile absorbe les poisons contenus dans certaines des graines qu'il mange. Une volée d'aras macao est une véritable explosion de sons et de couleurs. Ils crient et se chamaillent pendant qu'ils mangent, mais font silence si un prédateur approche.

▶ Les couleurs arc-en-ciel du plumage de l'ara macao ont séduit les hommes qui le capturent pour le commerce des animaux de compagnie.

Les clés de la survie

▲ Les crapauds-feuilles tirent leur nom de leur camouflage astucieux : ils sont de la couleur des feuilles en décomposition du sol de la forêt, leur habitat.

335 Survivre dans une forêt tropicale est un combat quotidien.

On y trouve de la nourriture en abondance et des abris, mais partout le danger menace. De nombreuses espèces ont développé d'incroyables tactiques pour ne pas se faire dévorer !

336 Certains animaux de la forêt tropicale font semblant d'être venimeux.

Quand l'explorateur Henry Bates (1825–1892) explora l'Amazonie, il découvrit une espèce de papillon dont le goût déplaisait aux oiseaux. Il découvrit aussi une autre espèce qui ressemblait beaucoup à la première mais que les oiseaux appréciaient. Il en tira la conclusion que certains animaux imitent l'apparence d'autres animaux venimeux pour éviter de se faire manger.

▼ Les mygales de Leblond ne tissent pas de toiles pour attraper leurs proies. Elles chassent différents animaux, comme des grenouilles.

337 De nombreux êtres vivants de la forêt tropicale sont venimeux.

La mygale de Leblond est probablement la plus grande araignée du monde. Elle mesure jusqu'à 30 centimètres de diamètre et possède des crocs de 2,5 centimètres de long. En plus de son venin, elle se sert de ses poils comme projectiles. Pour se protéger, elle projette des poils causant douleurs et irritations sur ses attaquants.

INCROYABLE !

Les animaux chassant d'autres animaux sont appelés des prédateurs. Le jaguar est l'un des plus dangereux prédateur de toute l'Amazonie. Hélas, cette espèce de félin est en voie de disparition car l'homme l'a longtemps chassé. Sa fourrure tachetée servait à fabriquer des manteaux et des chapeaux.

338 **Les fourmis de la forêt tropicale peuvent se métamorphoser en appétissantes baies rouges.** Les vers parasites qui vivent dans ces fourmis font gonfler et rougir leur abdomen. Les oiseaux prennent les fourmis pour des baies juteuses et les mangent. Les œufs des vers sont ensuite disséminés par les fientes des oiseaux. Sans ce curieux phénomène, les oiseaux ne mangeraient pas ces fourmis, et les vers ne pourraient pas se reproduire.

▶ Les minuscules termites construisent partout dans la forêt, accrochés aux troncs et aux branches des arbres tropicaux, des nids larges et ronds.

339 **Les fourmis et les termites vivent en colonies de plusieurs millions d'individus et font preuve d'une grande intelligence collective.** Les termites bâtissent d'immenses nids dans les arbres. Au sol, les fourmis coupe-feuille ramassent les feuilles et les rapportent au nid. Ces feuilles se décomposent dans la fourmilière et permettent aux champignons dont se nourrissent les fourmis de se développer.

▼ Les fourmis coupe-feuille portent des bouts de feuilles pesant plus de 20 fois leur poids.

Les trésors de la jungle

340 **Au XVe s, quand Christophe Colomb explora les forêts d'Amérique Centrale, il était en quête d'or et de trésors précieux.** Plus tard, les nouveaux explorateurs réalisèrent que les forêts tropicales du monde abritaient de nombreuses richesses d'un autre genre : la faune et la flore. Depuis, ces richesses sont surexploitées et quelquefois détruites.

341 **La vie de nombreux hommes dépend des forêts tropicales.** Pour eux, les arbres sont le plus précieux des trésors car ils fournissent du bois. Le bois est utilisé comme combustible pour se chauffer mais on le coupe essentiellement pour en faire le commerce.

▼ De puissantes machines coupent et hachent les cannes à sucre, à grande vitesse. Cette plante est cultivée pour se nourrir mais aussi pour produire de l'éthanol, une sorte de carburant.

INCROYABLE !

Les chewing-gums viennent des arbres ! On récolte le chiclé, une sorte de latex blanc provenant du sapotillier, qui est ensuite bouilli et aromatisé.

▲ Les fèves de cacao poussent dans des gousses appelées cabosses.

▲ Le latex coule dans une sorte de tasse fixée à l'arbre.

▲ Le fruit en forme d'étoile, plus ou moins acidulé, est appelé carambole.

342 **Le chocolat, le sucre et le caoutchouc proviennent de plantes de la forêt tropicale.** Les cabosses sont les fruits d'un arbre appelé cacaoyer. Elles renferment des graines appelées fèves, qui sont séchées, nettoyées et transformées en chocolat. Le sucre vient d'une plante semblable à un roseau, appelée la canne à sucre. Le caoutchouc est issu de la transformation d'une gomme blanche et collante, le latex, qui se récolte sur des arbres appelés hévéas.

343 **Les scientifiques se sont aperçus que certaines plantes pouvaient traiter des maladies.** Les peuples des forêts tropicales connaissent depuis fort longtemps par exemple les vertus du quinquina. L'écorce de cet arbre contient en effet une substance appelée quinine. Elle était utilisée par les Indiens d'Amazonie pour soigner la malaria, une maladie mortelle propagée par les moustiques. De nombreuses autres plantes, qui ne poussent que dans les forêts tropicales, sont utilisées à des fins médicales.

344 **Des fruits et des légumes, des noix, des épices et des herbes des forêts tropicales se retrouvent dans nos assiettes !** Des magasins du monde entier vendent aujourd'hui des produits comme le gingembre, les clous de girofle, le poivre, la noix de muscade, l'ananas, la banane, la carambole ou la patate douce. Que de chemin parcouru par ces aliments !

Paradis perdus

345 Les mangroves sont menacées par l'élevage de crevettes. Les arbres sont coupés et le terrain marécageux de la mangrove sert de bassin d'élevage aux crevettes, ensuite vendues dans le monde entier. Les côtes qui perdent leurs mangroves sont plus exposées aux tempêtes ou aux inondations.

346 Le cacatoès des Philippines est une espèce en sursis ! Ces oiseaux, qui peuplaient autrefois la quasi-totalité de l'archipel, sont aujourd'hui réunis sur l'île de Palawen. Il y a quelques années, ils étaient encore très nombreux, mais ils ont pratiquement tous disparu. Ce rapide déclin s'explique par la destruction de leur habitat, la chasse ainsi que leur vente illégale comme animaux de compagnie.

347 Des mines d'or sont installées dans les forêts tropicales ! On y utilise des produits très dangereux qui représentent de gros risques pour la faune et la flore environnantes. Certaines eaux polluées sont par exemple à l'origine de la disparition de nombreuses espèces de grenouilles, de crapauds et de poissons.

QUIZ

1. Quel oiseau rare habite l'île de Palawen ?
2. Comment appelle-t-on une espèce qui a totalement disparu ?
3. Quelle menace plane sur la mangrove ?

Réponse : 1. Le cacatoès des Philippines. 2. Une espèce éteinte. 3. Les crevettes.

▲ Cette mangrove d'Indonésie a été dévastée par l'élevage de crevettes. Les mangroves protègent les terres des dégâts des eaux et abritent de nombreux animaux. Une fois détruites, elles peuvent mettre des siècles à se reconstituer.

348 **Les plus proches parents des humains sont en voie de disparition, par la faute des humains eux-mêmes !** L'homme appartient à l'ordre des primates. Il capture et vend certains animaux du même ordre que lui, les gorilles, les chimpanzés ou les bonobos, pour leur viande. En anéantissant une partie de la forêt tropicale, il détruit également leur habitat.

▲ Les membres de WWF (Fonds mondial pour la Nature) patrouillent en Afrique Centrale à la recherche de traces de braconnage.

349 **Quand la forêt meurt, c'est tout un monde qui disparaît avec elle.** De nos jours, l'avenir semble bien incertain pour les tribus dont les familles ont dépendu des forêts tropicales pendant des siècles. Quand ils perdent leur forêt natale, il est difficile pour ces hommes de conserver les connaissances et les traditions qui leur permettaient d'y survivre.

▶ Les populations de grands singes à l'état sauvage comme les chimpanzés disparaissent rapidement.

Une question brûlante

350 **L'acte de détruire des forêts s'appelle la déforestation.** De nombreuses parcelles de forêts sont transformées en terres agricoles. Ce sont de vastes champs utilisés pour une culture unique, comme la banane ou le caoutchouc. Les scientifiques pensent que, chaque année, treize millions d'hectares de forêt disparaissent dans le monde. Les forêts tropicales sont les plus touchées.

351 **Selon la FAO, l'Organisation des Nations unies pour l'alimentation et l'agriculture, la forêt amazonienne pourrait avoir disparu en 2150 !** Pourtant, la déforestation se poursuit partout dans le monde. On abat les arbres pour construire des routes, autour des exploitations minières par exemple. Comme les autochtones sont souvent pauvres, ils considèrent que le commerce du bois est un moyen de gagner leur vie.

▼ Il ne faut que quelques heures aux machines modernes pour abattre les arbres et détruire la végétation afin de rendre la terre cultivable.

INCROYABLE !

Les orangs-outangs sont en danger d'extinction car des plantations de palmiers remplacent petit à petit leur habitat. L'huile de palme est utilisée pour la nourriture et comme carburant.

▶ Ces photos aériennes montrent de grandes zones de forêt tropicale détruites pour que la terre puisse être cultivée ou occupée par le bétail.

352

La forêt amazonienne est abattue pour faire de la place au bétail. La viande produite en Amazonie est envoyée aux États-Unis et dans d'autres pays développés gros consommateurs de viande. Il y a actuellement plus de 200 millions de troupeaux dans la région amazonienne, et ce chiffre va probablement augmenter.

353

De vastes zones de forêt tropicale sont défrichées par la technique du brûlis. Les arbres et les plantes sont coupés et les restes brûlés. Le sol ainsi dégagé est alors utilisé pour faire pousser des cultures ou de l'herbe pour le bétail. Cette méthode de déforestation épuise le sol qui perd rapidement toutes ses qualités. Les fermiers se déplacent alors, plus loin dans la forêt.

354

On a découvert que la déforestation affectait notre atmosphère et notre climat. Détruire ces énormes écosystèmes pourrait entraîner de longues périodes de sécheresse et d'inondation. Une fois les forêts disparues, le sol n'est plus ni maintenu ni protégé, ce qui conduit à une érosion. Cette érosion empêche les plantes de repousser et provoque des glissements de terrain plus fréquents.

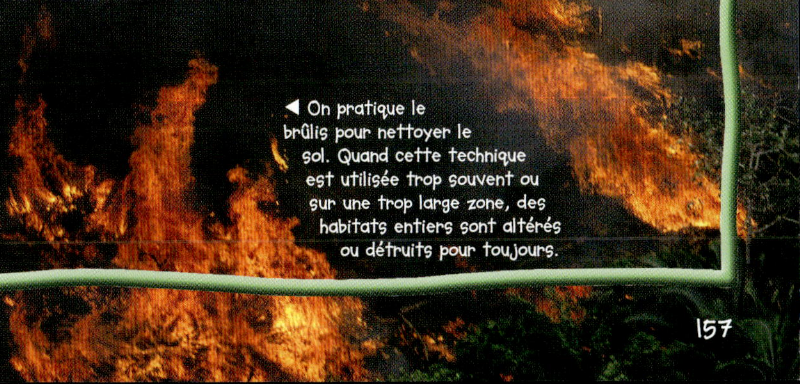

◀ On pratique le brûlis pour nettoyer le sol. Quand cette technique est utilisée trop souvent ou sur une trop large zone, des habitats entiers sont altérés ou détruits pour toujours.

Des forêts pour le futur

355 **Nous devons préserver les forêts tropicales du monde si nous tenons aux populations et à la vie sauvage qu'elles abritent.** Un bon moyen de protection consiste à sélectionner des parcelles de forêts et à les transformer en parcs nationaux. À l'intérieur, les implantations agricoles, minières et forestières sont ainsi automatiquement interdites. Malheureusement, cette solution est coûteuse pour les pays qui les mettent en place.

▲ Les touristes payent pour se promener sur la canopé et admirer les forêts tropicales d'en haut. L'argent du tourisme peut être utilisé pour protéger ces habitats et donner du travail aux populations locales.

356 **On peut apprendre aux habitants des forêts tropicales comment utiliser des énergies alternatives, comme l'énergie solaire.** L'énergie solaire est renouvelable, ce qui veut dire qu'elle ne s'épuise pas, contrairement aux arbres de la forêt. Les feux de bois produisent des fumées noires, alors que l'énergie solaire ne pollue pas : elle est uniquement produite par la lumière et la chaleur du Soleil.

▼ Les panneaux solaires captent la chaleur du Soleil, qui peut être transformée en énergie électrique fournissant lumière et chauffage.

357 **La gestion durable des forêts permettra peut-être de sauver les forêts tropicales.** Il s'agit d'une série de mesures visant à exploiter les forêts tout en les respectant, et en respectant les écosystèmes qui se situent aux alentours. Le bois issu de ces forêts certifiées pourra être vendu plus facilement.

359 **Chacun de nous peut faire quelque chose pour l'avenir des forêts tropicales.** Les consommateurs peuvent éviter d'acheter des produits qui participent à la disparition des forêts tropicales. Les gouvernements peuvent développer l'écotourisme pour que leurs habitants puissent vivre de la protection des forêts plutôt que de leur destruction.

Regarde les étiquettes avant d'acheter
* Bois
* Bœuf
* Soja
* Huile de palme

Vérifie les étiquettes avant d'acheter

358 **On croyait autrefois qu'une forêt tropicale coupée ne pouvait pas repousser.** Cependant, des scientifiques ont recréé une toute nouvelle forêt à Bornéo pour remplacer celle qui avait été détruite. Les graines de plus de 1 300 arbres y furent plantées et le sol fut traité avec un fertilisant spécial. Dans cette forêt, vivent aujourd'hui 30 sortes de mammifères et 116 espèces d'oiseaux. Les habitants de la région ont participé au projet et contribué à sa réussite.

360 **Les forêts tropicales ne seront préservées que si les hommes respectent tous les écosystèmes délicats de la Terre.** Tous ceux qui se préoccupent de la nature espèrent qu'il est encore temps d'arrêter les dégâts, et que les forêts tropicales existeront toujours dans les siècles à venir.

▶ Un orphelinat pour orangs-outangs à Bornéo. Des hommes soignent des bébés orangs-outangs, pour les réintroduire ensuite dans la nature.

La Terre en danger

361 **L'état de notre planète est alarmant !** Nous, les hommes avons causé plus de dégâts sur la Terre que n'importe quelle autre espèce animale. Nous prenons possession des terres pour construire d villes et des routes, chassons les animaux jusqu'à leur extinction, produisons des déchets et polluons : les gaz émis par les voitures, les centrales électriques et les usines modifient la composition de notre atmosphère et réchauffent la planète. En changeant un peu nos habitudes pour vivre de façon plus écologique, nous pouvons essayer de sauver notre planète.

▼ À cause de la pollution qui réchauffe la Terre, des tempêtes de plus en plus puissantes se forment au-dessus des mers. Cette photo satellite montre le cyclone Frances se déplaçant au-dessus des Caraïbes en 2004.

Terribles tsunamis

362 Un tsunami est une vague immense (voire plusieurs) qui s'abat sur la côte. Il est produit par l'onde de choc d'un séisme ou d'un glissement de terrain qui forme une série de vagues circulaires à la surface des océans… un peu comme si l'on jetait un caillou dans une mare. La vague grandit et, énorme, se brise sur la rive !

▶ Ici, un tsunami se forme par une onde de choc produite au large par une secousse sismique dans l'océan : une vague rapide naît mais en s'approchant de la côte, elle ralentit sa course tout en grandissant.

Immense, la vague submerge la côte.

363 En s'échouant sur la côte, la vague provoque un raz-de-marée. Dans l'océan, elle se déplace très vite (jusqu'à 800 km/h). En arrivant dans des eaux moins profondes, elle ralentit sa course. L'eau s'accumule et la vague devient de plus en plus haute, atteignant au moins 15 mètres de haut. En s'écrasant sur le littoral, elle emporte tout sur son passage : hommes, arbres, bâtiments…

▼ En 2004, cette vague de tsunami s'écrase sur la plage d'Ao Nang, en Thaïlande. Elle est si puissante qu'elle dévaste tout sur son passage !

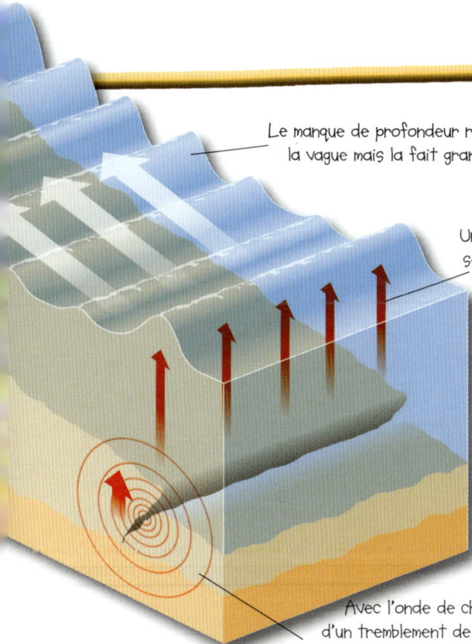

365

Le plus grand tsunami jamais connu avait des vagues plus hautes qu'un gratte-ciel. En 1958, il a submergé la baie de Lituya, en Alaska. À 20 km de cet endroit, un séisme de magnitude 8,3 provoqua un glissement de terrain. La première vague mesurait 524 m de haut et les suivantes près de 230 m ! Par chance, il n'y avait aucun habitant mais tous les arbres ont été déracinés.

364

Les tsunamis sont souvent provoqués par un tremblement de terre sous-marin. Le fond de l'océan est brusquement secoué, soulevant ainsi une grande quantité d'eau : la vague prend forme ! Un glissement de terrain ou une éruption volcanique peut également en être la cause : le fond marin déplacé ou les projections de roches et de gaz provoquent une perturbation à la surface de l'eau et la naissance des vagues. C'est ce qui s'est produit en 1883, lors de l'éruption du Krakatau (Indonésie). 36 000 victimes ont été recensées !

366

Le tsunami qui a frappé la Thaïlande en 2004 fut le plus meurtrier de l'histoire. Un violent tremblement de terre au large de la côte créa une vague qui se propagea dans l'océan et frappa les côtes de l'Indonésie, de la Thaïlande, du Sri Lanka, d'Inde et des îles Maldives. Il fit au moins 280 000 victimes.

▼ Prise par photo satellite, la ville de Kalutara, au Sri Lanka, avant (à gauche) et après (à droite) le tsunami de 2004.

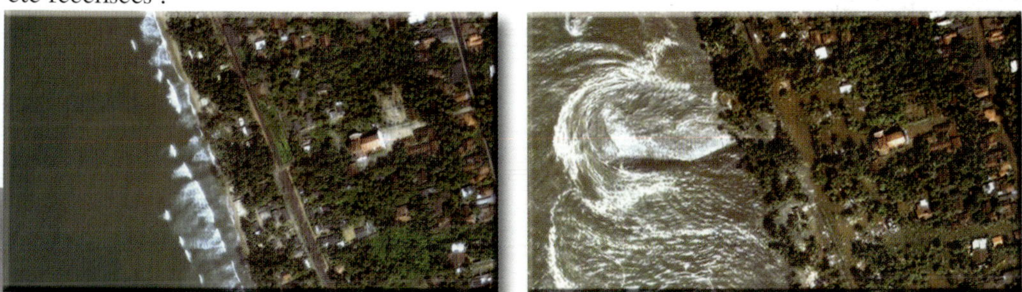

Il pleut des grenouilles !

367 La Terre a besoin de pluie. L'eau des océans, du sol ou la transpiration des végétaux s'évapore grâce à la chaleur du soleil. Elle se transforme en vapeur et monte dans le ciel : des nuages se forment. Emportée par le vent, la vapeur refroidie se transforme de nouveau en eau… c'est la pluie. Mais, quand les vents sont violents, ils emmènent avec la pluie des animaux qui nous tombent sur la tête !

▶ Ici, sous les énormes nuages noirs, on peut voir la pluie tomber : c'est une averse.

368 Dans les forêts tropicales humides, il pleut pratiquement tous les jours. Situées près de l'équateur, la chaleur des rayons solaires est très forte. La végétation transpire et de grandes quantités d'eau s'évaporent. Elles forment des nuages qui retombent sous forme de pluie ; la majorité de cette eau ne touche jamais le sol. Elle reste sur la cime des arbres très dense (la canopée) et s'évapore de nouveau dans l'air avant de retomber sous forme de pluie.

369 Le Meghalaya, au nord-est de l'Inde, est l'une des régions les plus pluvieuses du monde. Par exemple, dans la ville de Cherrapunji, il tombe plus de 11 800 millimètres d'eau par an, soit 20 fois plus que la moyenne en France ! Sans l'écoulement et l'évaporation de l'eau, la ville serait totalement immergée !

FABRIQUE UN PLUVIOMÈTRE

Tu auras besoin de :

un récipient à fond plat aux bords hauts et droits – des cailloux – une règle – un carnet

1. Dehors, trouve un endroit au sol meuble, protégé du soleil et à l'écart de tout bâtiment.

2. Enfonce ton récipient dans la terre ou entoure-le de cailloux pour qu'il ne bouge pas.

3. Tous les jours de mauvais temps (pluie, neige…), mesure à la même heure la profondeur de l'eau contenue dans ton récipient. Puis, vide-le.

4. En notant jour par jour les résultats dans ton carnet, tu sauras les précipitations de ta région.

▼ L'eau des océans, des sols et de la végétation qui transpire, s'évapore sous la chaleur du soleil. Elle retombe sur Terre sous forme de pluie. C'est ce qu'on appelle le cycle de l'eau.

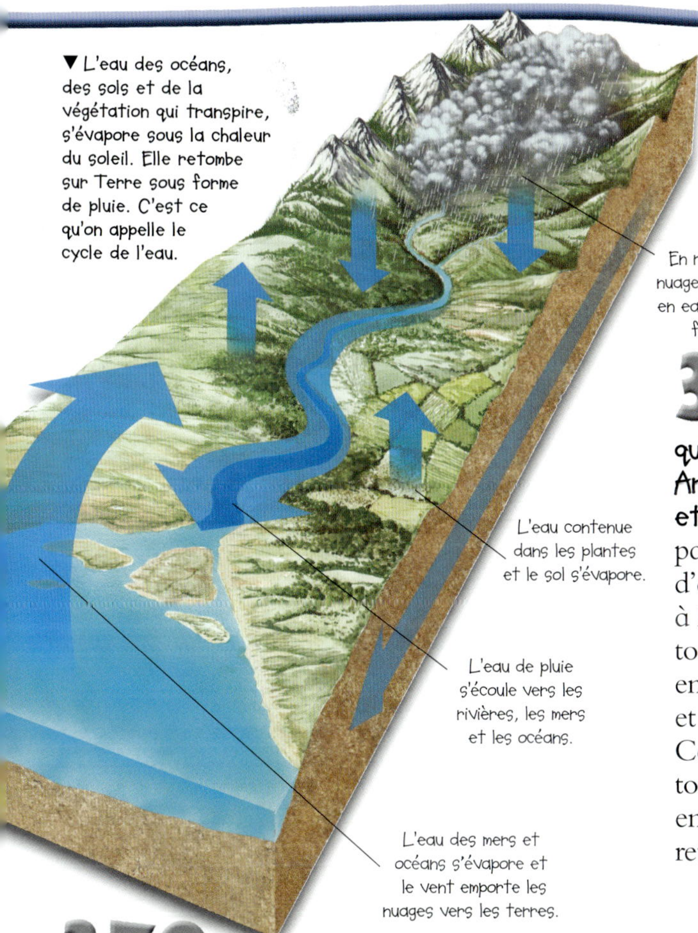

371 En France, nous disons qu'il pleut des cordes mais les Anglais disent qu'il pleut des chats et des chiens ! Bien entendu, ce n'est pas vrai mais on a déjà vu une pluie d'animaux tomber du ciel. En 1901, à Minneapolis (États-Unis), il est tombé des grenouilles. C'est arrivé en Norvège avec des souris en 1578 et des poissons en Grèce en 2002. Ce phénomène s'explique par des tornades ou des vents violents qui emportent les animaux qui retombent ensuite sur le sol !

▼ Ce pousse-pousse transporte

370 Les pluies d'été de la mousson sont torrentielles. Entre mai et octobre, au sud de l'Asie, un vent chaud et humide arrive de la mer vers le continent. Venant aussi bien de l'est que de l'ouest, ces vents sont bloqués par une chaîne de montagnes : l'Himalaya. Soulevé, l'air chaud remonte et se refroidit, provoquant ainsi des pluies diluviennes sur toutes les régions alentour.

Éclairs lumineux

372 Un éclair est une étincelle électrique gigantesque. Lorsqu'un orage se prépare, de gros nuages se forment (les cumulo-nimbus). Le bas de ce nuage est plus chaud que le haut donc les particules les plus lourdes, chargées d'électricité négative, descendent. En se déchargeant, une étincelle se forme entre la base du nuage et le sol : c'est l'éclair !

▲ Pendant l'orage, les particules à la base du nuage ont une charge d'électricité négative alors que celles du sol sont positives. Quand elles s'échauffent, une étincelle est créée. La charge électrique est libérée, formant ainsi un arc de lumière. Cela peut se produire à l'intérieur d'un même nuage, entre deux nuages proches l'un de l'autre ou entre un nuage et le sol.

À chaque instant, 2 000 orages éclatent sur Terre. Les éclairs frappent notre planète environ cent fois par seconde !

373 Le tonnerre et l'éclair sont indissociables. En fait, le tonnerre est le son que produit l'éclair. Ce dernier peut atteindre des températures de 30 000 °C, chauffant ainsi brutalement l'air qui l'entoure. Sous la chaleur, l'air se dilate et provoque une onde de choc (comme l'effet d'un avion qui passe le mur du son). Cette onde nous parvient sous forme de bruit.

374 **Autrefois, on croyait que la foudre (l'éclair et le tonnerre) était un châtiment des dieux.** Cependant, au XVIe siècle, des savants ont commencé à étudier les phénomènes électriques de l'orage. En 1752, grâce à un cerf-volant, Benjamin Franklin démontre que l'éclair n'est autre que de l'électricité. Il a également inventé le paratonnerre, un piquet métallique qui attire les éclairs. Relié à la terre par un câble conducteur, le métal emmène la charge électrique de l'éclair dans le sol, épargnant ainsi les hommes, animaux, arbres et bâtiments.

◀ On voit comment fonctionne un paratonnerre sur cette cathédrale de Liverpool.

375 **Être touché par un éclair n'est pas forcément mortel.** Roy Sullivan, un garde forestier américain, a été frappé sept fois par la foudre. Il fut quelquefois gravement blessé mais il n'en est pas mort. Même si ces accidents sont rares, les éclairs tuent environ 1 000 personnes par an dans le monde.

▼ Les fulgurites se forment lorsque la foudre frappe le sable. La température élevée fait fondre le sable qui prend une forme tubulaire en refroidissant.

376 **Les éclairs peuvent fabriquer du verre !** Lorsque la foudre tombe sur un désert de sable, l'éclair, dont la température atteint 30 000 °C, fait fondre le sable. En refroidissant, des tubes en verre de taille variable se forment. On les appelle des fulgurites.

Martelé par la grêle

377 Lorsque l'eau des nuages gèle, il pleut de la grêle. Les grêlons sont de petites boules de glace très dures qui ne sont, en général, pas plus gros qu'un petit pois. Cependant, il arrive que leur taille soit celle d'un œuf voire d'une balle de tennis ! Mais, tombant des nuages donc d'une grande hauteur, ils font tous d'énormes dégâts.

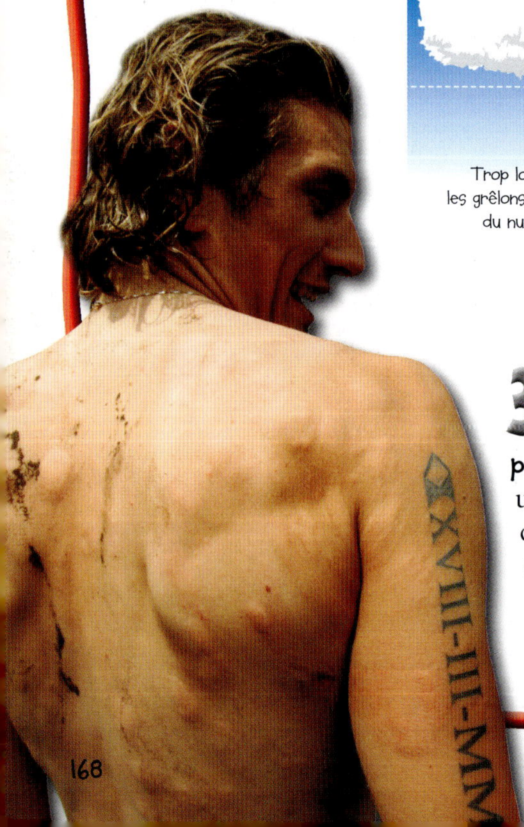

▼ Cet homme montre les cicatrices causées par la grêle alors qu'il roulait à bicyclette.

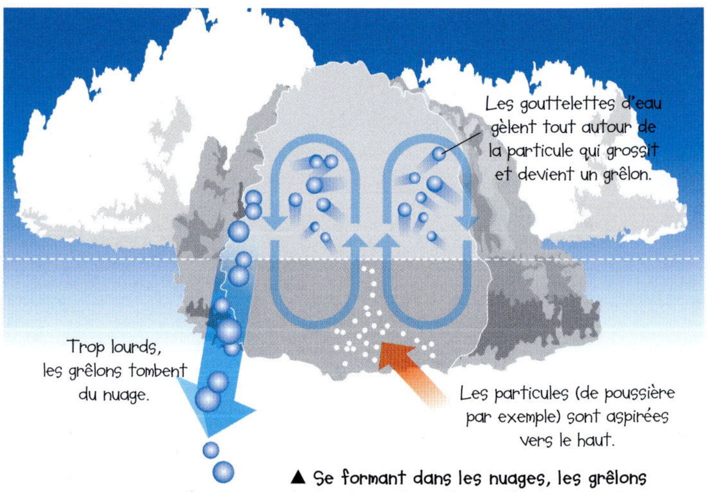

▲ Se formant dans les nuages, les grêlons tombent sur Terre lorsqu'ils deviennent trop lourds.

378 Les grêlons ont besoin de petites particules pour se former. Par exemple, un simple grain de poussière ou un flocon de neige suffit. Les gouttelettes très froides à l'intérieur du nuage s'agglutinent autour et gèlent. En s'accumulant petit à petit, ces gouttes d'eau glacées deviennent un grêlon !

379 Le plus gros grêlon avait la taille d'un melon.

À Aurora (États-Unis), un grêlon de 18 centimètres de diamètre est tombé le 22 juin 2003. Jamais on n'en avait vu d'aussi gros mais on sait que de tels grêlons peuvent se former par l'amalgame de plusieurs petits dans les nuages.

INCROYABLE !

En général, les orages de grêle ne durent que quelques minutes. Pourtant, en 1959, au Kansas, une pluie de grêle a duré plus d'une heure. Les grêlons formaient une couche de 45 centimètres !

381 L'Inde et le Bangladesh ont subi des pluies de grêle dévastatrices.

Hormis la destruction des récoltes et la mort de nombreuses têtes de bétail, elles font aussi des victimes chez les hommes : 246 en Inde en 1888 et 92 au Bangladesh, en 1986 !

380 Parfois, des blocs de glace tombent du ciel mais on ne sait pas s'il s'agit réellement de grêlons !

Le 8 janvier 2000, un morceau de glace de 7 kilos, gros comme un ballon de football, est tombé en Espagne, suivi de plusieurs autres la semaine suivante. Certains scientifiques parlent de grêlons géants, d'autres d'eau jetée par un avion en haute altitude qui aurait gelée ! Le mystère reste entier !

▶ Des personnes déblayent la glace à Mexico après un orage de grêle le 3 août 2006.

Neige et glace stupéfiantes

382 **Une tempête de glace n'est pas une vraie tempête mais elle reste néanmoins très dangereuse.** Une pluie froide tombe sur une surface glacée et forme une épaisse couche gelée sur le sol, les arbres et autres. La couche à peine visible de verglas sur les routes provoque des accidents de circulation, les branches chargées de glace se brisent et les lignes électriques à haute tension sont coupées.

◄ Alourdi par le poids de la glace, cet arbre est tombé en travers de la route.

▲ Une avalanche descend la montagne à Silverstone, dans le Colorado (États-Unis). Elle a été déclenchée volontairement avec des explosifs pour sécuriser les pistes de ski.

383 **Une avalanche est un amas de neige ou de glace dévalant la montagne.** Elle peut être déclenchée par la chaleur du soleil, par les pas d'un homme ou d'un animal mais aussi par un bruit. Certaines d'entre elles, les plus dangereuses, peuvent atteindre 200 km/h !

384 **Les grosses tempêtes de neige sont accompagnées d'un vent glacial : le blizzard.** Les flocons de neige sont si abondants qu'il est très facile de se perdre. De nombreuses personnes sont mortes, perdues dans le froid... pourtant, elles n'étaient qu'à quelques mètres d'un refuge !

▲ Les flocons de neige forment de magnifiques cristaux hexagonaux. On peut les admirer lorsqu'ils tombent sur nos vitres ou nos pare-brise, mais il faut être rapide car ils fondent très vite !

QUIZ

Quels objets t'aideront à survivre si tu as creusé un trou lors d'une tempête de neige ?

1. Bonnet de laine
2. Magazine
3. Chocolat
4. Lampe de poche
5. Ouvre-boîte

Réponses : tous sauf l'ouvre-boîte si tu n'as pas de boîtes de conserve !

385 **Lorsqu'on est pris dans une tempête, il faut creuser un trou dans la neige !** La glace et la neige sont de très bons isolants : elle ne laisse pas passer la chaleur. En se réfugiant en dessous, celle de notre corps reste à l'intérieur du trou. Beaucoup de gens ont survécu ainsi. D'ailleurs, les peuples du Grand Nord construisent leur maison avec des blocs de glace : ce sont les igloos !

386 **Le froid conserve les morts !** En effet, la neige et la glace ralentissent la décomposition des corps. Le premier mammouth entier que l'on ait extrait de la glace date de 1799, en Sibérie. C'est un animal qui s'est pourtant éteint voici 10 000 ans ! En 1991, dans les montagnes autrichiennes, on a découvert le corps d'un homme mort ; son âge est estimé à plus de 4 000 ans. On l'a surnommé Ötzi, l'homme de glace.

▼ Ici, sur son traîneau tiré par des rennes, un homme transporte les défenses d'un mammouth vieux de 10 000 ans !

Tornades impitoyables

387 Une tornade est un violent tourbillon de vent. C'est une tempête d'une force extraordinaire qui tourne autour d'elle-même. Elle forme une colonne ou un entonnoir qui part d'un nuage et descend vers le sol… c'est le vortex. On voit l'arrivée d'une tornade car elle est généralement grise : au centre, il y a de la poussière aspirée, mélangée à de petites particules d'eau.

388 La tornade crée généralement un cumulo-nimbus. Quand l'air chaud humide en basse altitude rencontre une masse d'air froid, il se produit un tourbillon. En remontant, il crée dans le ciel un nuage d'orage : le cumulo-nimbus. Tout en se déplaçant au gré des vents, la tornade est accompagnée d'éclairs et de tonnerre. L'axe du vortex peut être vertical mais aussi très incliné.

389 Les tornades engendrent les vents les plus violents de la planète. Ils atteignent souvent 480 km/h, bien que lors d'études menées sur les dégâts, on pense que certains ont une vitesse bien supérieure ! En passant, une tornade peut emporter des hommes ou animaux, faire exploser vitres et portes, arracher des toits, raser des maisons… En fonction de son passage, certaines constructions ont été totalement dévastées alors que celles juste à côté sont restées intactes !

◄ Les tornades se créent souvent là où un front froid (une masse d'air froid) rencontre un front chaud. Ils tourbillonnent l'un autour de l'autre et forment un vortex.

◄ De son cumulo-nimbus (nuage d'orage), cette tornade terrifiante balaie tout sur son passage.

TORNADE EN BOUTEILLE

Tu auras besoin de :
Deux bouteilles d'eau en plastique – de l'eau – du ruban adhésif

1. Remplis l'une des bouteilles presque entièrement.
2. Prends la seconde, vide, tête en bas. Scotche solidement son goulot avec celui de la bouteille remplie d'eau.
3. Renverse le liquide dans les deux bouteilles et fais-les tourner aussi vite que possible.
4. Lorsque tu t'arrêteras, tu verras que l'eau forme un vortex.

390 Les tornades les plus dangereuses se produisent à Tornado Alley. Signifiant « l'allée des tornades » en anglais, cette région se trouve au centre des États-Unis, entre le Texas et l'Illinois. La saison des tornades s'étend d'avril à août. La plus dévastatrice a traversé trois États en 1925 : le Missouri, l'Illinois et l'Indiana. En parcourant plus de 350 kilomètres, elle a tué au moins 690 personnes et en a blessées près de 1 980 !

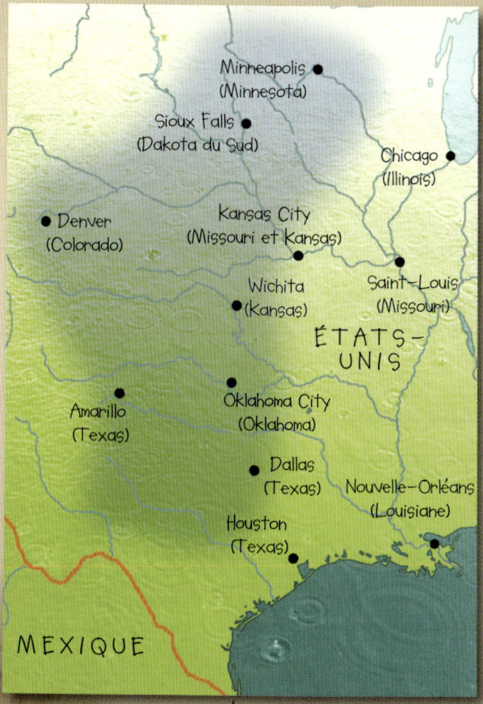

◄ Les zones ombrées sur cette carte montrent les endroits où il y a eu le plus de tornades sur le continent américain. Ces régions font partie de Tornado Alley.

391 Des tornades se produisent aussi dans les déserts ou sur les mers. Moins puissantes que les autres, elles font peu de dégâts. Celles des déserts, appelées tempêtes de sable, n'emportent avec elle que du sable ! Celles sur les mers, souvent dans les eaux tropicales, sont nommées trombes marines.

ravageurs

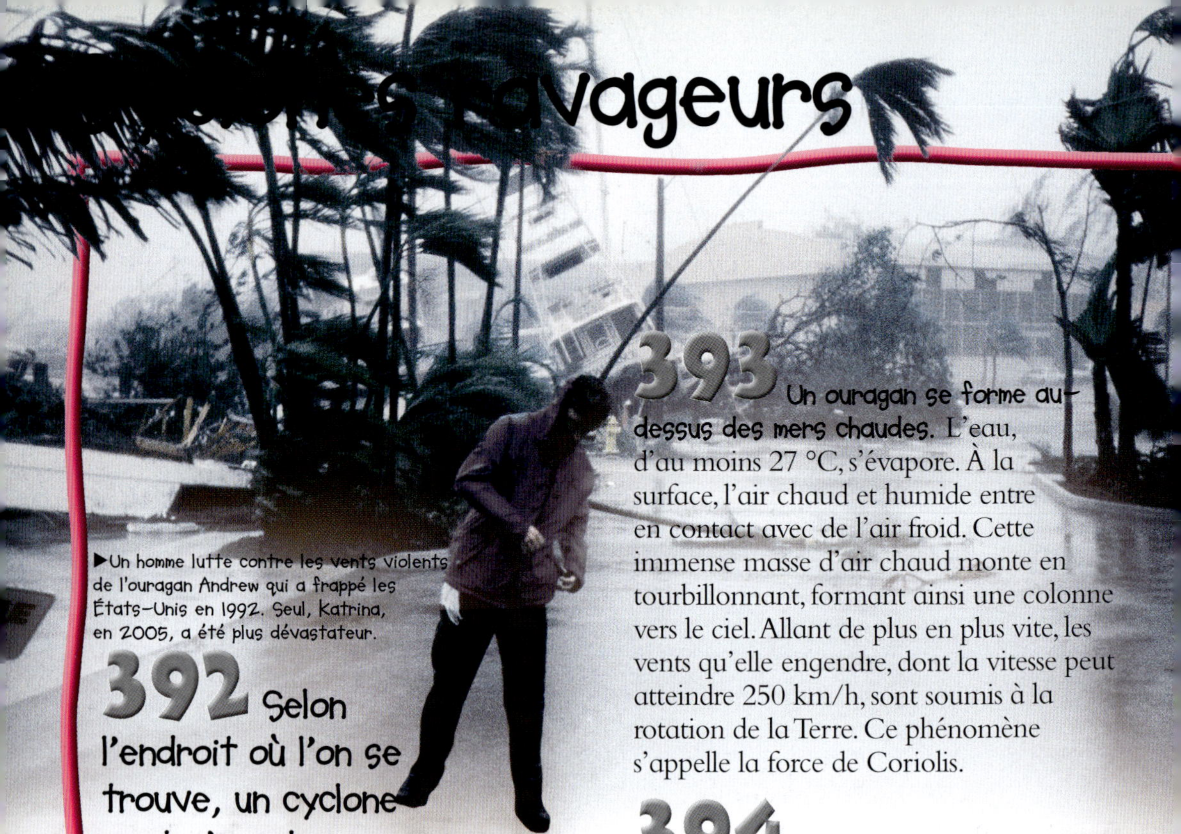

▶Un homme lutte contre les vents violents de l'ouragan Andrew qui a frappé les États-Unis en 1992. Seul, Katrina, en 2005, a été plus dévastateur.

392 Selon l'endroit où l'on se trouve, un cyclone peut s'appeler ouragan ou typhon. Il se forme au-dessus de l'eau puis se déplace vers les terres, provoquant d'énormes dégâts : inondations, destruction de villes entières… Le diamètre d'un cyclone peut atteindre 500 km ! Plus on s'approche du tourbillon, plus la température augmente ; les pluies y sont importantes et les vents très violents. À l'intérieur du cyclone, se trouve une zone appelée l'œil.

393 Un ouragan se forme au-dessus des mers chaudes. L'eau, d'au moins 27 °C, s'évapore. À la surface, l'air chaud et humide entre en contact avec de l'air froid. Cette immense masse d'air chaud monte en tourbillonnant, formant ainsi une colonne vers le ciel. Allant de plus en plus vite, les vents qu'elle engendre, dont la vitesse peut atteindre 250 km/h, sont soumis à la rotation de la Terre. Ce phénomène s'appelle la force de Coriolis.

394 Tous les ouragans ont des noms ! En effet, on attribue à chaque cyclone, à leur passage, un nom choisi sur une liste. Le temps passant, il arrive qu'un ouragan récent ait le même nom qu'un ancien. Mais, lorsque l'un d'eux devient tristement célèbre, comme Katrina en 2005, on modifie cette liste pour que le nom n'y figure plus !

INCROYABLE !

Plus on s'approche du cyclone, plus les vents sont violents et les pluies diluviennes. Mais, dans son œil, tout y est calme et paisible. Cela ne dure pas longtemps !

395 Les cyclones tropicaux prennent des noms différents en fonction de l'endroit où ils naissent. On appelle typhons ceux du Pacifique, ouragans ceux des Caraïbes et de l'Atlantique, baguias ceux des Philippines et willy-willies ceux près de l'Australie. Tous ceux des autres régions se nomment tout simplement cyclones !

▲ Une vue satellite prise de l'espace montre un ouragan au-dessus du Golfe du Mexique.

396 Certains cyclones provoquent d'énormes catastrophes. Katrina a frappé la côte américaine en août 2005. Il a endommagé de nombreuses villes du Mississippi et de Louisiane. À la Nouvelle-Orléans, les vagues ont brisé les digues et plus de 80 % de la ville (située en dessous du niveau de la mer) ont été dévastés. Katrina a fait plus de 1 800 victimes et environ 700 disparus. Le coût des dégâts a dépassé les 80 milliards de dollars. En 1970, au Bangladesh, le cyclone Bhola a fait plus de 180 000 morts et 100 000 personnes disparues !

397 Les scientifiques estiment que les cyclones sont de plus en plus puissants. Avec le réchauffement climatique, la surface des océans devient plus chaud… donc, les cyclones se forment plus facilement. La chaleur augmentant, ils sont davantage puissants car plus d'énergie vient les alimenter.

▼ Ces bâtiments sur les rives du lac Pontchartrain, en Louisiane, ont été détruits par l'ouragan Katrina, en 2005.

Que d'eau !

398 Quand les terres normalement sèches sont submergées par de l'eau... c'est l'inondation ! Elle est parfois provoquée par les rivières qui sortent de leur lit après de fortes pluies ou par d'immenses vagues de tsunamis. Certaines inondations sont utiles car elles apportent de l'eau et des sédiments sur les terres et fertilisent le sol. Mais, la plupart du temps, elles sont destructrices et provoquent d'énormes catastrophes.

▲ Une image satellite du delta du Nil, en Égypte. Autrefois, le fleuve débordait tous les ans et répandait un sédiment fertile sur les terres. Aujourd'hui, les inondations sont contrôlées grâce au barrage d'Assouan.

399 Les inondations font de gros dégâts. Lorsque l'eau entre dans les maisons, elle est chargée de boue, de détritus et d'excréments. Les murs et les meubles sont abîmés, les appareils électriques hors d'usage. L'eau peut mettre des jours voire des semaines à s'évacuer. Après, il faut tout nettoyer, éponger, sécher et réparer, ce qui coûte extrêmement cher.

▼ Évoluant dans les eaux sales, cette femme porte une précieuse réserve d'eau propre, lors d'une terrible inondation au Bangladesh, en 1998.

400 Les inondations provoquent des pénuries d'eau potable.

Même s'il y en a partout, l'eau est trop sale pour être consommée. Elle s'infiltre dans les canalisations et les centres de retraitement des eaux ; il faut donc couper tous les robinets. Lors de grandes inondations, les secours apportent de l'eau en bouteille ou en citerne pour que l'on puisse boire sans danger.

▲ En juillet 2007, l'Angleterre n'avait jamais connu une telle inondation depuis 60 ans. Voici une photo aérienne de la ville de Tewkesbury, dans le Gloucestershire.

INCROYABLE !

La Bible parle d'une gigantesque inondation, le Déluge. Des experts pensent que ce récit se réfère aux inondations d'il y a 10 000 ans ; elles se sont produites lors de la fonte des glaces, à la fin de la dernière période glaciaire.

401 Les inondations sont de plus en plus nombreuses.

Avec le réchauffement planétaire, l'eau des océans s'évapore davantage : plus de nuages sont donc formés, ce qui donne plus de pluie. Mais un autre danger nous guette : le niveau des mers s'élève de façon alarmante et l'eau risque de submerger de nombreuses terres côtières.

▼ Cette voiture s'est laissée surprendre par une montée d'eau très rapide au Texas. Ce phénomène soudain peut détruire des villes entières.

Sécheresses désastreuses

402 La sécheresse est provoquée par la raréfaction des pluies. On parle de sécheresse lorsqu'une région a des pluies nettement inférieures à la normale. Les sols ne sont plus irrigués et la nappe d'eau potable sous la terre ne peut plus être renouvelée. On ne peut pas toujours expliquer ces phénomènes. On connaît El Niño qui survient tous les 3 à 7 ans : la température de l'océan Pacifique se modifie de part et d'autre de l'équateur et provoque des sécheresses sur les territoires environnants.

▲ Pendant les périodes de sécheresse, l'eau est précieuse. Sans elle, les animaux et les plantes meurent.

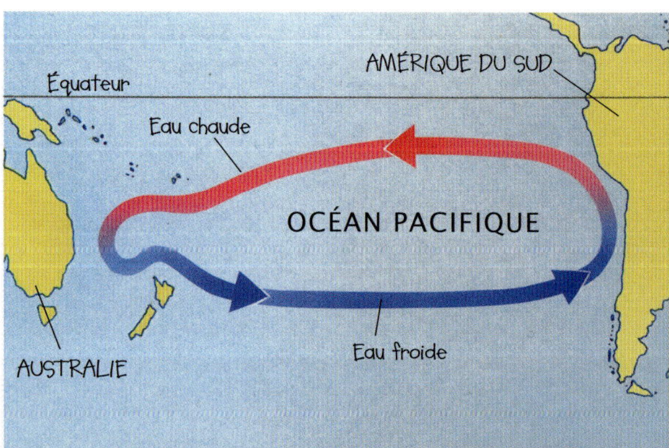

▲ El Niño est un réchauffement des courants océaniques du Pacifique autour de l'équateur. 37 pays sont affectés par ce phénomène car il provoque des inondations sur certaines régions, des sécheresses sur d'autres.

403 Le manque d'eau provoque la famine. Lorsqu'il ne pleut pas assez, les plantes ne poussent plus. Non seulement les troupeaux de bétail n'ont plus de quoi paître mais ils ne peuvent plus boire non plus. Les peuples doivent alors subir une pénurie de nourriture. De plus, l'herbe et les arbres secs s'enflamment facilement, provoquant d'immenses incendies. Il arrive souvent que des hommes soient obligés d'abandonner leurs terres et leurs troupeaux pour se réfugier vers les villes où ils auront plus de chance de trouver de l'eau et de quoi se nourrir.

▲ Une partie du fleuve Murray, en Australie, vidé de son eau, pendant une période de sécheresse.

405

La Terre a toujours connu des périodes de sécheresse. Elles sont mentionnées dans les livres anciens, comme les manuscrits de l'ancienne Mésopotamie (Irak actuel). Néanmoins, les scientifiques estiment qu'avec le réchauffement climatique, la sécheresse s'accentue. Certaines régions, comme le sud-est de l'Australie, connaissent aujourd'hui des sécheresses inhabituelles, catastrophiques pour les récoltes et l'élevage.

404

Le Dust Bowl est une région américaine soumise à la sécheresse. Également appelée « cuvette de poussière », c'est une immense plaine où des agriculteurs se sont installés au début du XXe siècle. Pour cultiver les terres, ils ont arraché les herbes qui permettaient de maintenir le sable au sol. Depuis, les vents qui soufflent sur cette plaine aride provoquent d'immenses tempêtes de sable, obligeant des milliers de familles à partir !

VRAI OU FAUX ?

1. La sécheresse favorise les feux de forêt.
2. Le Dust Bowl est un volcan des États-Unis.
3. El Niño est un changement de température dans l'océan Indien.

Réponses :
1. Vrai. La végétation est sèche et brûle facilement. 2. Faux. Le Dust Bowl est une sécheresse. 3. Faux. El Niño est un phénomène qui se produit dans le Pacifique.

◄ Dans le Dust Bowl, cet immense nuage de poussière peut laisser derrière lui près de 10 cm de sable sur les fermes, les clôtures et les granges. À cause de ces tempêtes, près des deux tiers de la population ont été ruinés et contraints à partir vers l'ouest pour commencer une nouvelle vie !

Le réchauffement climatique

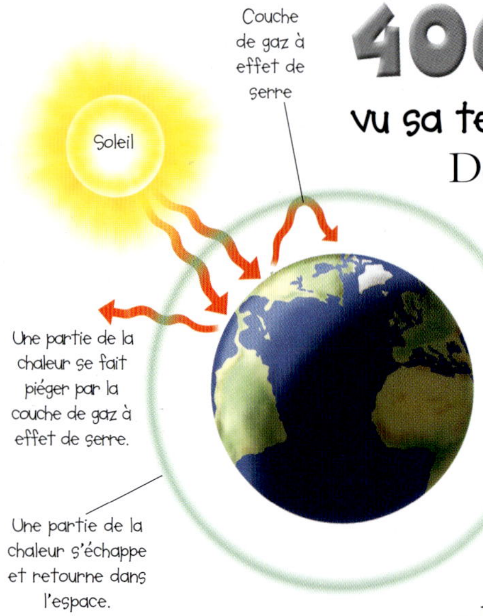

▲ Le réchauffement climatique se produit quand les gaz à effet de serre s'accumulent dans notre atmosphère. Ils laissent entrer la chaleur du soleil et l'emprisonnent près de la surface de la Terre, réchauffant ainsi la planète.

406 **À travers son histoire, la Terre a vu sa température changer continuellement.** Dans le passé, il a fait plus chaud qu'aujourd'hui, et parfois, bien plus froid. Mais le réchauffement actuel se produit plus vite que la normale et les experts savent qu'il est dû aux hommes et non à la nature. Nous produisons en effet trop de gaz à effet de serre qui emprisonnent la chaleur du soleil. Ces gaz sont essentiellement constitués de dioxyde de carbone (CO_2).

407 **Le réchauffement planétaire implique des bouleversements de climat.** Le temps change tous les jours : nous avons des journées chaudes et d'autres plus froides. Mais, en règle générale, le climat se réchauffe. Les scientifiques ont noté une augmentation des températures de près de 1 °C au cours des 100 dernières années, ce qui est énorme… surtout quand on sait que ce phénomène s'intensifie.

408 **Des températures plus chaudes engendrent des vents violents.** L'air en mouvement se déplace constamment entre des zones de haute ou de basse pression. Plus la différence de température entre ces deux endroits est élevée, plus le vent prend de la puissance. De plus, quand la chaleur transforme l'eau des mers et océans en vapeur dans l'air, cela forme des nuages. Lorsqu'ils se refroidissent en altitude, cette eau devient pluie. Des températures plus chaudes provoquent donc plus de vent, de pluie et de tempêtes !

INCROYABLE !

Le niveau de la mer pourrait s'élever de près de 90 cm d'ici 2100 ! Il y a trois millions d'années, quand les terres de notre planète n'étaient qu'un immense continent (la Pangée), la mer était très élevée par rapport à aujourd'hui.

La calotte glaciaire de l'Antarctique, au pôle Sud, renferme plus de 70 % des réserves d'eau douce du monde. À cause du réchauffement climatique, celle-ci s'amenuise chaque année.

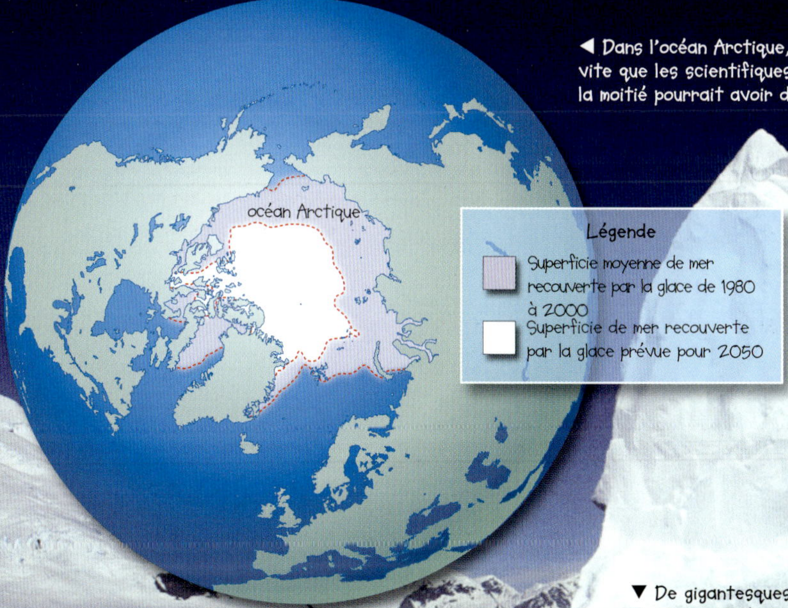

◀ Dans l'océan Arctique, la glace fond tellement vite que les scientifiques pensent que plus de la moitié pourrait avoir disparu d'ici 2050.

▼ De gigantesques morceaux de glace se détachent de la banquise, dans la baie du Paradis en Antarctique.

409 La fonte des glaces est l'effet le plus visible du réchauffement de la planète. D'immenses régions de la Terre sont recouvertes de glace, principalement autour des pôles Nord et Sud mais aussi sur les hautes montagnes. Aujourd'hui, le réchauffement climatique provoque la fonte de la glace : elle se transforme en eau et se déverse dans les océans, ce qui cause une augmentation inquiétante du niveau des mers.

▶ Les ours polaires ont besoin de banquises pour chasser et se reposer. La fonte des glaces de l'Arctique menace la survie de l'espèce.

La crise de l'énergie

410 **Nous rejetons des gaz à effet de serre dans l'atmosphère lorsque nous brûlons des combustibles pour fabriquer de l'énergie.** Les principaux sont le charbon, le pétrole et le gaz. Ils servent à faire fonctionner les voitures, les avions et les trains mais aussi à produire de l'électricité. On les appelle des combustibles fossiles car ils se sont formés sous terre, à partir de débris fossilisés.

411 **Les combustibles fossiles sont en train de s'épuiser : c'est une énergie non renouvelable.** Parce qu'ils mettent énormément de temps à se constituer, nous consommons les combustibles fossiles beaucoup plus vite qu'ils ne peuvent se former. Finalement, ils deviendront si rares que cela coûtera trop cher de les trouver et les extraire. Les experts pensent que cela arrivera avant la fin du XXIe siècle.

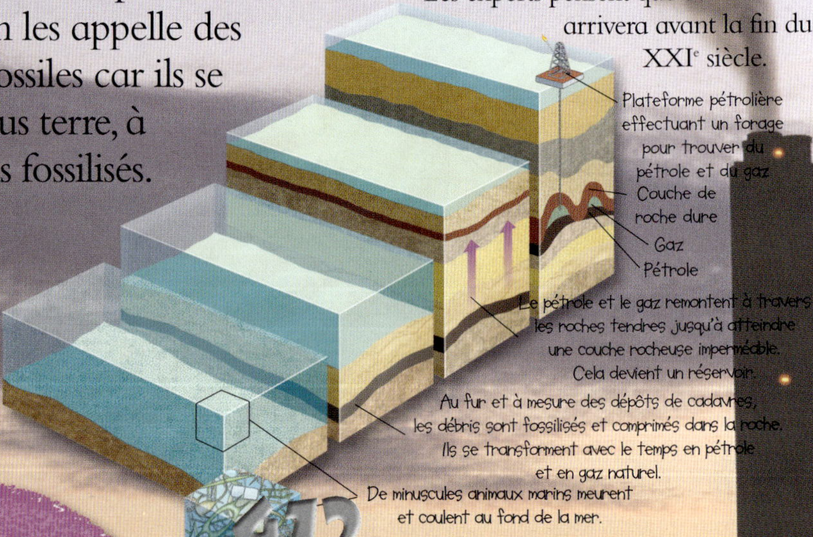

▶ Le pétrole et le gaz naturel se sont formés à partir des restes d'êtres vivants qui, accumulés dans le sous-sol pendant des milliards d'années, se sont fossilisés dans les profondeurs de la Terre. Avec le temps, ils se sont transformés en réserves souterraines de pétrole et de gaz naturel.

412 **D'autres combustibles permettent de produire de l'énergie.** C'est le cas des biocarburants, généralement produits à partir de plantes ; ils libèrent moins de CO_2 dans l'atmosphère en se consumant. Le colza, par exemple, contient de l'huile qui peut servir de combustible pour les véhicules. L'utilisation de cette source d'énergie fait néanmoins débat : il faut utiliser des engins motorisés pour récolter le colza. Cela engendre donc une importante production de gaz à effet de serre !

TEST

Quelles sont les énergies utilisées pour fournir de l'électricité ?

A. Brûler du charbon ; B. Le vent ; C. Le courant des cours d'eau ; D. Des hamsters sur des roues ; E. La lumière du soleil ; F. Les tremblements de terre

Réponses

A, B, C et E. Les hamsters pourraient faire tourner des minituribines, mais cela produirait trop peu d'électricité. Les tremblements de terre contiennent une énorme quantité d'énergie, mais nous n'avons pas trouvé le moyen de l'exploiter.

L'utilisation des combustibles fossiles est si importante depuis le XIXe siècle que l'humanité épuise ses réserves bien plus vite que ce que la nature met pour les constituer.

413 Le nucléaire est une autre forme d'énergie.

Toute matière est composée de petits éléments, les atomes. Lorsque les noyaux de ces atomes se transforment, ils libèrent de l'énergie appelée nucléaire. Celle-ci sert à produire de l'électricité. L'énergie nucléaire libère moins de gaz à effet de serre que d'autres mais elle engendre de nombreux déchets radioactifs qui peuvent être très dangereux s'ils sont accidentellement relâchés dans l'air. Des études sont menées pour trouver des méthodes de stockage sûres.

▲ Le barrage de Grand Coulee dans l'État de Washington, aux États-Unis, retient le lac de Franklin D. Roosevelt, qui s'étend sur 248 km. Il s'agit de l'une des plus grandes installations hydroélectriques au monde.

415 D'autres énergies sont produites sans combustion.

Les centrales hydroélectriques transforment la force de l'eau en énergie électrique, à l'aide d'une turbine et d'un générateur. L'hydroélectricité est une énergie propre et renouvelable : elle ne produit pas de gaz à effet de serre et sa source se régénère rapidement (contrairement aux combustibles fossiles). Les scientifiques cherchent également des techniques qui permettraient de transformer le mouvement des vagues en énergie utilisable.

414 Le vent et le Soleil sont aussi d'importantes sources renouvelables d'énergie.

En tournant, les pales des éoliennes actionnent des générateurs qui produisent de l'électricité. Les panneaux solaires fonctionnent en captant la lumière du soleil qui est transformée en courant électrique.

▲ Les éoliennes modernes possèdent généralement trois pales qui tournent vite par grand vent.

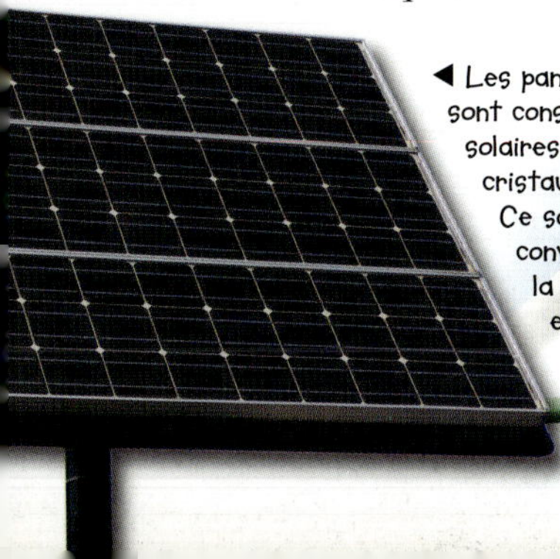

◄ Les panneaux solaires sont constitués de cellules solaires contenant des cristaux de silicium. Ce sont eux qui convertissent la lumière du soleil en électricité.

Se déplacer

416 Les voitures dégagent beaucoup de gaz à effet de serre.

Il y a 200 ans, personne n'en avait. Maintenant, il y a environ 500 millions de voitures dans le monde, et la plupart sont utilisées chaque jour. Les véhicules motorisés consomment de l'essence ou du gasoil, produits à partir de pétrole, un combustible fossile. Nous pouvons diminuer l'émission de gaz à effet de serre et ralentir le réchauffement climatique en réduisant l'utilisation des voitures.

▲ Les gaz d'échappement d'une voiture contiennent des gaz nocifs et polluants, dont le dioxyde de soufre, le dioxyde d'azote et le dioxyde de carbone.

417 Les bus, les tramways et les trains sont des transports publics que tout le monde peut utiliser.

Il s'agit d'un mode de déplacement plus écologique que la voiture. Les bus peuvent transporter plus de 60 personnes à la fois, et les trains plusieurs centaines. S'ils consomment aussi du carburant, ils relâchent beaucoup moins de gaz à effet de serre par personne.

▼ Dans beaucoup de villes, il y a tellement de voitures que cela provoque de grands embouteillages. Elles roulent lentement, avec le moteur qui tourne, engendrant encore plus de pollution.

COMPTE TES PAS

Marcher est un excellent exercice pour rester en bonne santé et en plus, on n'émet aucun gaz à effet de serre !
Essaye de compter tes pas pendant une journée entière. Combien peux-tu en faire ? 3 000, 5 000 ou 10 000 ?

Voyager dans des véhicules fonctionnant avec des combustibles, tels que les voitures et les avions, pollue plus l'air que n'importe quelle autre activité humaine.

418 En volant, les avions émettent des tonnes de gaz à effet de serre.

Un vol aller-retour Paris/New York équivaut au quart des émissions que produit un Français en un an ! Pour les trajets les plus courts, mieux vaut choisir le bateau ou le train. Mais l'essor du tourisme international et la banalisation des voyages aériens risquent de faire empirer la situation.

▶ Les trains à sustentation magnétique sont dotés d'aimants qui leur permettent de se déplacer sans toucher les rails. Ils évitent ainsi les frottements et gagnent en vitesse. C'est la force magnétique qui les propulse : ils ne possèdent pas de moteurs et ne consomment donc pas de pétrole.

▲ Des cyclistes à Pékin, en Chine, lors de la journée mondiale sans voiture. Cette journée a été instaurée pour permettre de réduire la pollution.

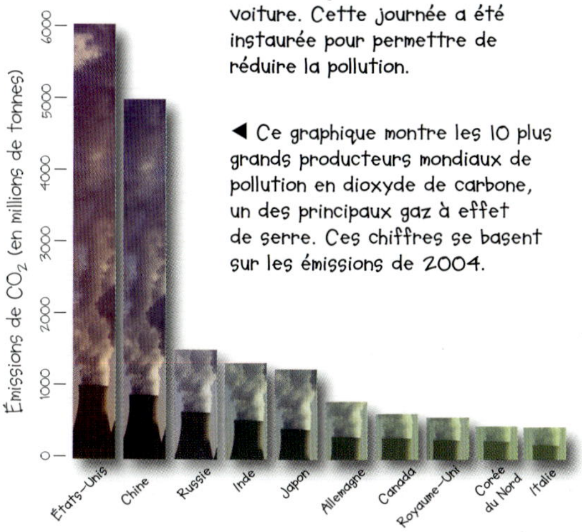

◀ Ce graphique montre les 10 plus grands producteurs mondiaux de pollution en dioxyde de carbone, un des principaux gaz à effet de serre. Ces chiffres se basent sur les émissions de 2004.

419 La façon la plus écologique de se déplacer reste la marche.

Pour les trajets courts, mieux vaut marcher plutôt que de prendre la voiture. Dans les bâtiments, ne prends pas systématiquement les escaliers roulants ou les ascenseurs car ils ont besoin d'énergie pour fonctionner. Emprunte les escaliers ! Se déplacer en vélo est également une bonne alternative pour ne pas polluer : une bicyclette ne consomme aucun carburant… seule la force de tes jambes lui permet d'avancer !

420 Les transports n'ont pas toujours fonctionné avec des moteurs et des turbines.

Autrefois, les bateaux n'avaient que des voiles ou des rames et étaient propulsés par la force du vent ou la force humaine. Les charrettes et les voitures étaient tirées par des animaux. Comme les combustibles fossiles s'épuisent, de vieux moyens de transport feront peut-être leur retour !

Économie d'énergie à la maison

421 Réduire sa consommation d'électricité permet de moins polluer et de faire des économies ! Une grande partie de l'électricité que nous utilisons est produite à partir de combustibles fossiles. Quand tu sors d'une pièce, n'oublie pas d'éteindre les lumières mais aussi la télévision ou tout autre appareil électrique. Pense à utiliser plutôt des ampoules à basse consommation. Ainsi, tu réduiras ta production de gaz à effet de serre !

CINQ ASTUCES POUR ÉCONOMISER DE L'ÉNERGIE

Éteindre correctement les appareils électriques.
Pour les appareils qui n'ont pas de boutons « arrêt », débranche la prise car les laisser en mode veille consomme de l'électricité.

Mettre un couvercle sur les casseroles.
Cela économise de l'énergie en réduisant le temps de cuisson.

Ne pas trop remplir la bouilloire.
Faire bouillir la quantité d'eau nécessaire, pas plus.

Acheter des produits frais plutôt que des produits surgelés.
Beaucoup plus d'énergie est utilisée pour fabriquer des produits surgelés. Mieux vaut donc, quand c'est possible, en acheter des frais de saison.

Baisser le chauffage d'un degré.
La différence se remarque à peine, sauf sur la facture d'électricité : une économie d'environ 10 % !

423 Toutes sortes d'appareils électriques existent pour faire les choses à notre place, mais en avons-nous réellement besoin ? Des petits gestes quotidiens permettent de réduire sa consommation en électricité : se servir d'un balai au lieu de l'aspirateur, faire une pâte à tarte avec ses mains plutôt qu'avec un robot ménager, ne pas utiliser d'ouvre-boîtes ou de couteaux électriques… des gadgets très gourmands en énergie.

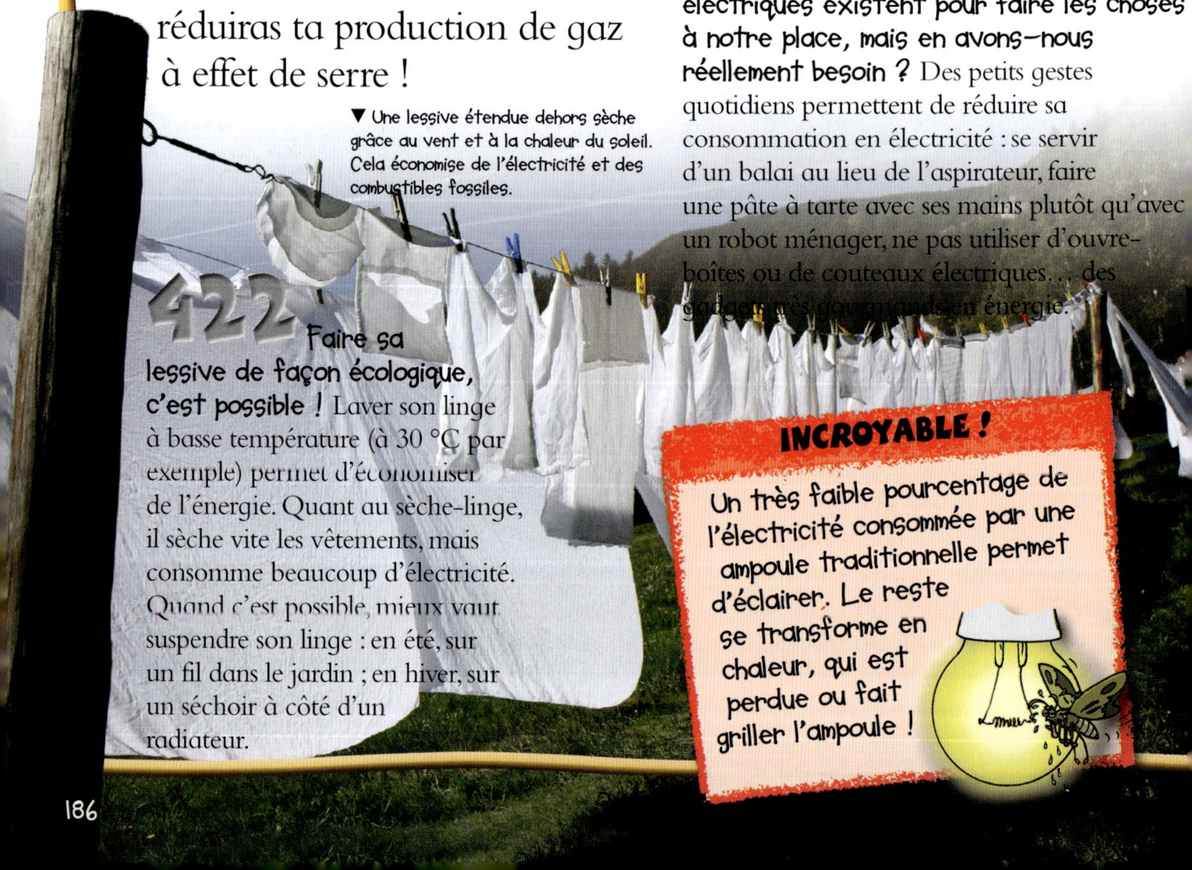

▼ Une lessive étendue dehors sèche grâce au vent et à la chaleur du soleil. Cela économise de l'électricité et des combustibles fossiles.

422 Faire sa lessive de façon écologique, c'est possible ! Laver son linge à basse température (à 30 °C par exemple) permet d'économiser de l'énergie. Quant au sèche-linge, il sèche vite les vêtements, mais consomme beaucoup d'électricité. Quand c'est possible, mieux vaut suspendre son linge : en été, sur un fil dans le jardin ; en hiver, sur un séchoir à côté d'un radiateur.

INCROYABLE !

Un très faible pourcentage de l'électricité consommée par une ampoule traditionnelle permet d'éclairer. Le reste se transforme en chaleur, qui est perdue ou fait griller l'ampoule !

Une maison française pourrait diminuer de moitié sa facture d'électricité en baissant le chauffage, en éteignant les lumières lorsqu'elles sont inutiles et en utilisant moins d'eau chaude.

424

Les panneaux solaires sont une manière écologique d'approvisionner sa maison en électricité. Ils fonctionnent comme une calculatrice solaire, en transformant instantanément la lumière du soleil en électricité. Si une maison produit plus que ce dont elle a besoin, elle peut revendre le surplus d'électricité au distributeur local.

▼ Les panneaux solaires sont faits de cristaux de silicium qui convertissent la lumière solaire en électricité. Quand la lumière frappe les cristaux, des décharges électriques sont générées et canalisées dans des fils.

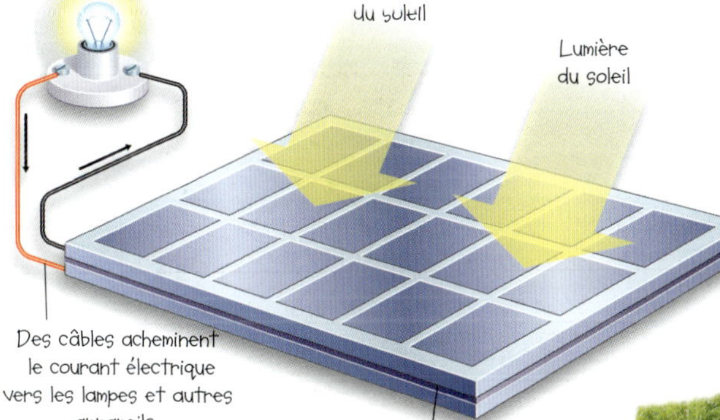

▲ Les panneaux solaires sont installés sur les toits ou dans les jardins pour fournir de l'électricité dans les maisons.

▼ Faire pousser du gazon sur le toit permet d'isoler efficacement sa maison : cela empêche la chaleur d'en sortir et d'être gaspillée. De plus, le jour, l'herbe absorbe du CO_2 et libère de l'oxygène.

425

Au lieu d'augmenter le chauffage dès qu'il fait froid, mieux vaut essayer de se réchauffer autrement ! Mets un pull supplémentaire ou, la nuit, ajoute une couverture sur ta couette. Une maison dotée d'une bonne isolation sur les murs et le toit ainsi que de double vitrage aux fenêtres permettent de conserver la chaleur à l'intérieur.

Acheter écolo...

▲ Les sacs en plastique s'amassent dans les décharges et mettent des centaines d'années à se dégrader. De plus, jetés n'importe où, ils nuisent aussi à la faune et à la flore.

426 Faire ses courses est un acte banal et quotidien mais cela peut engendrer de la pollution. En effet, ce que nous achetons – nourriture, vêtements, meubles – demande beaucoup d'énergie pour être produit puis transporté jusqu'au magasin. En consommant intelligemment, il est possible de moins polluer.

► Les sacs en toile peuvent être réutilisés plusieurs fois.

QUIZ

1. Quel type de sac est le plus écologique pour faire les courses : en plastique, en papier ou en toile ?
2. Qu'est-ce qui coûte le plus cher : un litre d'eau en bouteille ou un litre d'eau du robinet ?
3. Qu'est-ce qu'une fripe ?

Réponses
1. Un sac de toile réutilisable.
2. Un litre d'eau embouteillée coûte jusqu'à 1 000 fois plus cher qu'un litre d'eau du robinet.
3. Un vêtement d'occasion

427 Il faut refuser les sacs en plastique. Ils sont fabriqués à partir de pétrole, un combustible fossile, qui pollue. Pourtant, nous n'utilisons souvent ces sacs qu'une seule fois avant de les jeter : cela engendre énormément de déchets qui ne se dégradent, pour certains, que 1 000 ans plus tard ! Mieux vaut faire ses courses avec un sac de toile réutilisable qu'il ne faut pas oublier chez soi !

Au cours des 30 dernières années, les couches jetables pour bébé sont de plus en plus utilisées mais certaines mettent jusqu'à 500 ans à se dégrader !

428 Quelle distance tes aliments ont-ils parcouru ?

La distance parcourue par les aliments s'appelle le kilomètre alimentaire. Certaines denrées viennent de très loin, transportées par avion… ce qui engendre d'énormes quantités de gaz à effet de serre. Faire ses courses directement à la ferme ou dans les marchés locaux en achetant des produits de saison réduit la pollution. Dans les supermarchés, regarde les emballages pour trouver des aliments qui ont été produits près de chez toi.

▲ Dans les Caraïbes, sur l'île de Saint-Vincent, les gens achètent des bananes cultivées localement. Une partie de la production est transportée dans d'autres pays par bateau, un moyen de transport beaucoup moins polluant que l'avion.

429 Pourquoi acheter de l'eau en bouteille ?

Un litre d'eau fait un kilo. Le transport de bouteilles d'eau en grande quantité nécessite beaucoup de carburant, parfois sur de longues distances ! Sans compter que les bouteilles sont en plastique et génèrent de la pollution. Il est donc plus écologique de consommer l'eau du robinet à la maison, une eau tout à fait potable.

430 Acheter des articles d'occasion est un moyen efficace d'économiser de l'énergie.

Quand on achète des vêtements, des meubles ou des livres d'occasion, rien de neuf n'a en effet besoin d'être produit en usine.

▼ Beaucoup d'objets peuvent être recyclés. Ici, ce papier australien est composé à 90 % de papier recyclé et à 10 % de crottes de kangourou !

Réduire, réutiliser, recycler.

431 On achète souvent plus que ce dont on a réellement besoin. Nous voulons les derniers habits à la mode, le jouet qui vient de sortir ou la voiture la plus récente, alors qu'on pourrait bien s'en passer. On appelle cela la société de consommation. Réduire, réutiliser et recycler est une devise que nous devrions mettre en pratique tous les jours !

433 Réduire ses achats est un bon point de départ. Il vous est déjà probablement arrivé, à ta famille ou à toi, d'acheter quelque chose que vous n'avez jamais utilisé ensuite. Voilà pourquoi il faut toujours réfléchir et s'assurer que l'achat est bien utile. Acheter moins, cela implique que moins de produits auront besoin d'être fabriqués, transportés et jetés. De plus, cela fait faire des économies !

Les bouteilles en verre vides vont dans la benne à recyclage.

▶ Recycler les matériaux réduit énormément la quantité d'énergie nécessaire à la fabrication de nouveaux produits. Ce graphique montre la quantité d'énergie économisée lorsqu'on utilise des matériaux recyclés pour en faire de nouveaux produits.

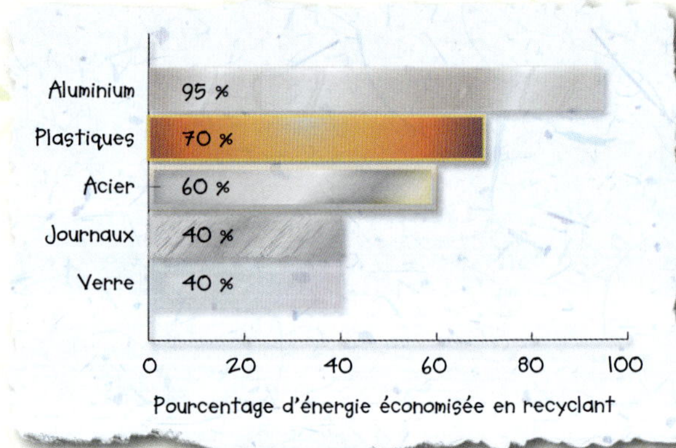

432 Recycler signifie que des matériaux déjà utilisés vont être transformés en objets nouveaux. Cela permet d'économiser de l'énergie et de générer moins de déchets. Le papier, le carton, les boîtes de conserve, le verre et certains plastiques peuvent être recyclés. Certaines municipalités les collectent. Sinon, il faut les emmener dans des points de collecte ou dans les déchetteries.

Les bouteilles, collectées dans les bennes, sont transportées vers une usine de recyclage du verre.

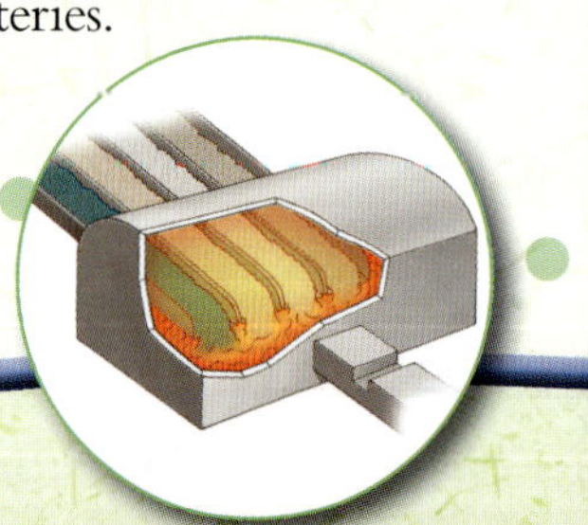

Le verre est nettoyé et brisé en tout petits morceaux : le calcin. Il va servir à la fabrication... du verre !

En recyclant une seule bouteille de verre, on économise suffisamment d'énergie pour alimenter une ampoule de 100 watts pendant 4 heures !

INCROYABLE !

Les objets d'aujourd'hui sont généralement conçus pour ne pas durer très longtemps. Cela s'appelle « l'obsolescence planifiée ». Les fabricants espèrent ainsi que leurs clients achèteront régulièrement des objets neufs pour remplacer ceux hors service !

434 Nous vivons dans une « société de consommation ».

Nous sommes habitués aux objets jetables que l'on n'utilise qu'une seule fois. Quand un objet casse, c'est facile d'en acheter un autre. Mais le fabriquer et le transporter épuise les matières premières et pollue. Mieux vaut réutiliser certains objets au lieu de les jeter : raccommoder ses vêtements quand ils ont un petit trou ou lorsqu'un bouton manque, utiliser les récipients d'aliments vides comme boîtes de rangement…

▼ Ces sacs de courses ont été fabriqués à partir de matériaux recyclés. Cela économise des matières premières et diminue l'usage des sacs en plastique.

435 Si tu ne veux vraiment plus d'un objet, peut-être que quelqu'un d'autre en aura besoin !

C'est pourquoi, plutôt que de les jeter, il ne faut pas hésiter à donner ses vieux habits, meubles, livres et jouets à des associations, ou à les vendre lors d'une brocante par exemple.

Les bouteilles sont vendues, utilisées et peuvent ensuite être de nouveau recyclées.

▼ Le verre recyclé sert à la fabrication de nouveaux bocaux ou bouteilles en verre. Il est également utilisé à la production de matériaux isolants, du béton et de l'asphalte. Finement broyé, il peut remplacer le sable des bunkers (fossés) sur les parcours de golf !

Les bouteilles sont remplies avec des boissons et étiquetées.

Le verre liquide est moulé par soufflage pour produire de nouvelles bouteilles.

Des machines écologiques

436 **Pour diminuer notre consommation d'énergie, nous pouvons réduire l'utilisation des machines ou en utiliser des plus écologiques.** Les scientifiques travaillent sans cesse sur de nouveaux modèles d'appareils électriques et de voitures qui consommeraient moins voire plus du tout d'électricité ou de carburant !

INCROYABLE !

Les véhicules à propulsion humaine les plus rapides sont les vélos couchés, que le cycliste conduit allongé sur le dos. Ils peuvent atteindre plus de 130 km/h.

437 **Lorsqu'il est brûlé, l'hydrogène ne libère que de la vapeur d'eau et aucun gaz à effet de serre.** Certaines voitures roulent déjà à l'hydrogène et ne polluent donc pas. Avec la pénurie des énergies fossiles, ces voitures pourraient se multiplier. Néanmoins, l'hydrogène est un gaz qui n'est pas présent naturellement dans l'atmosphère… Il faut donc le fabriquer, ce qui engendre de la pollution.

▼ Dans le futur, nous serons peut-être nombreux à utiliser une voiture à hydrogène. Nous irons faire le plein dans une station d'hydrogène comme celle montrée ci-dessous.

Avoir son réfrigérateur et son congélateur pleins de denrées ou presque permet d'économiser de l'énergie.

438 **Vous avez peut-être déjà voyagé à bord d'un train ou d'un bus électriques.** Au lieu de fonctionner à l'essence, ils utilisent de l'électricité provenant d'une grosse batterie ou de câbles aériens. Cela permet de réduire la pollution dans le centre des villes.

▲ On trouve des tramways électriques dans de nombreuses villes à travers le monde. Ils fonctionnent grâce à l'électricité contenue dans des caténaires (câbles aériens).

439 **Sais-tu que les gros appareils électroménagers comme le réfrigérateur, la machine à laver le linge ou la vaisselle pouvaient être plus écologiques ?** Des normes européennes encouragent les appareils les plus récents à être classés selon leurs performances écologiques. Les mieux classés sont les plus économes en électricité et en produits consommés, comme l'eau par exemple. Il ne nous reste plus désormais qu'à les acheter !

▶ Ce chargeur solaire pour téléphones portables fonctionne grâce à de petits panneaux solaires qui transforment la lumière du soleil en électricité.

440 **Des radios, des lampes torches et des chargeurs pour téléphones portables sont équipés de dynamo.** Il suffit de tourner la manivelle, et l'énergie développée par ce mouvement est transformée en courant électrique dans l'appareil. Ainsi, plus besoin de piles ni de branchement électrique… ce qui permet de réduire les déchets et les gaz à effet de serre !

◀ Pas besoin de piles ni de branchement électrique pour écouter la radio. La radio dynamo permet d'être écologique. De plus, elle est très pratique pour les gens qui n'ont pas d'électricité, comme les habitants de certaines régions d'Afrique par exemple.

Les solutions de la science

▶ Voici à quoi ressemblerait un bouclier spatial qui tamiserait la lumière solaire avant qu'elle n'arrive sur la Terre.

441 **Si consommer moins d'énergie est un moyen efficace de ralentir le réchauffement climatique, il en existe d'autres !** Les scientifiques proposent une foule de solutions, dignes de romans de science-fiction, pour tenter de « rafraîchir » notre planète.

442 **Certains scientifiques songent à refroidir artificiellement la Terre, en faisant baisser les températures.** La solution la plus envisageable serait d'envoyer de minuscules particules de sulfate dans la haute atmosphère : elles réfléchiraient partiellement les rayons du soleil pendant plusieurs années. L'envoi d'un miroir géant entre la Terre et le Soleil est un autre projet, plus futuriste. Ces expériences ne seront tentées qu'en cas d'extrême urgence car leur mise en œuvre coûte extrêmement cher.

INCROYABLE !

En un seul jour, une vache peut éructer 500 litres de méthane. Cela suffirait à gonfler plus de 100 ballons de baudruche !

Les scientifiques expérimentent des méthodes de stockage souterrain où de grandes quantités de CO_2 seraient emmagasinées sous forme de cristaux solides. Ainsi, le dioxyde de carbone ne pourrait plus s'échapper dans l'atmosphère.

▶ On peut voir une énorme étendue d'algues vertes près des berges du lac Tahoe, aux États-Unis. Composées de millions de cellules minuscules, ces algues absorbent de grandes quantités de dioxyde de carbone. Les scientifiques travaillent sur la culture des algues vertes que nous pourrions introduire dans les mers et les océans. Mais, il faut faire attention car si elles deviennent trop envahissantes, elles peuvent tuer les plantes et animaux marins qui y vivent !

443 Le dioxyde de carbone peut être naturellement absorbé par les plantes. Grâce à la lumière du soleil et à leur chlorophylle, elles emmagasinent naturellement le CO_2, un important gaz à effet de serre. Il suffirait donc de planter beaucoup d'arbres pour ralentir le réchauffement climatique. Les scientifiques étudient aussi le moyen de cultiver des algues vertes sur nos côtes, qui ont les mêmes propriétés que les plantes terrestres.

▲ Les plantes se nourrissent en utilisant la lumière du soleil, grâce à un procédé appelé photosynthèse. Grâce à la chlorophylle, elles consomment du dioxyde de carbone et libèrent de l'oxygène.

444 Une autre solution est possible : piéger le dioxyde de carbone avant qu'il ne s'échappe dans l'atmosphère. Des dispositifs capturant le CO_2 dans les centrales électriques et dans les cheminées des usines existent déjà. Mais le piéger ne suffit pas : il faut ensuite savoir le stocker de manière à le rendre inoffensif. Les scientifiques sont toujours à la recherche de méthodes efficaces.

445 Lorsqu'ils digèrent, les herbivores, et notamment les vaches, produisent beaucoup de gaz qui contiennent du méthane. C'est un gaz à effet de serre ! Les scientifiques essayent d'élaborer une nouvelle alimentation pour les vaches afin qu'elles produisent moins de méthane.

▼ Une bâche aux propriétés isolantes et réfléchissantes recouvre une partie du glacier de Tortin, en Suisse, pour en ralentir la fonte.

Les problèmes de pollution

446 La pollution est l'introduction de substances nocives dans l'environnement qui perturbent son équilibre. Il existe une pollution anthropique (créée par l'homme) et une autre d'origine non humaine. Celle d'origine humaine se manifeste sous diverses formes : rejet de substances chimiques dans les rivières et les lacs, libération de gaz toxiques par les véhicules, accumulation des ordures…

▼ Une épaisse couche de smog un nuage de pollution, flotte s Bangkok, la capitale de la Thaïlande.

447 Les hommes produisent des déchets quand ils vont aux toilettes. Les eaux usées, qu'on appelle les eaux-vannes, sont rejetées dans les égouts puis traitées et purifiées dans des stations d'épuration. Mais à certains endroits, les égouts se jettent directement dans les rivières ou dans la mer. Cela peut être très dangereux car ces déchets véhiculent des maladies.

448 La pollution a des effets néfastes sur notre santé. Le mot « smog » vient de l'anglais : smoke (fumée) et fog (brouillard). Le smog se forme au-dessus des grandes villes, quand les gaz d'échappement des voitures et autres se combinent à l'oxygène de l'air. Chauffés à de fortes températures par les rayons du soleil, ces gaz créent un épais nuage d'ozone, de dioxyde d'azote et d'autres gaz toxiques, qui irrite voire endommage définitivement les poumons.

◀ Les habitants de Kuala Lumpur, la capitale de la Malaisie, portent des masques pour ne pas respirer le smog.

Les scientifiques ont découvert que la pollution sonore pouvait rendre les gens malades et augmenter les problèmes cardiaques.

◀ Les gens qui vivent près des aéroports souffrent du bruit des avions passant à basse altitude au-dessus de leur maison.

449 **Le bruit est lui aussi une forme de pollution.** Les personnes vivant près des aéroports ou des autoroutes peuvent contracter de graves maladies nerveuses voire cardiaques ! Au fond de l'eau, la pollution sonore existe aussi. Due, entre autres par les bateaux ou les sous-marins, elle menace les baleines. En émettant des sons pour communiquer entre elles, les bruits émis par l'homme les empêchent de s'entendre : elles sont complètement désorientées !

450 **Il faut toujours jeter ses ordures à la poubelle** : une partie pourra être recyclée et le reste sera emmené dans une décharge. Certes, nous produisons beaucoup trop de déchets dont nous avons du mal à nous débarrasser… mais les jeter n'importe où dans la nature accentue les problèmes de pollution.

451 **La pollution de l'air peut entraîner des pluies acides.** L'activité humaine libère du dioxyde de soufre et de l'oxyde d'azote dans l'atmosphère. À leur contact, l'eau contenue dans les nuages devient acide. En retombant sous forme de pluies, elle peut affecter gravement notre écosystème.

VRAI OU FAUX ?

1. Les ordures ne sont pas un problème si elles sont jetées à la poubelle.
2. Les pluies acides peuvent te faire tomber le nez.
3. Les baleines peuvent se perdre à cause de la pollution sonore dans les océans.

Réponses :
1. Faux. Elles continuent de s'accumuler dans les décharges.
2. Faux. En revanche, elles peuvent dissoudre et faire disparaître le nez en pierre d'une statue.
3. Vrai.

▶ Dans les décharges, les déchets s'accumulent, formant d'immenses montagnes d'ordures qui sont aplaties au rouleau compresseur.

Attention à nos déchets !

453 Lorsqu'ils quittent ta maison, les déchets ont encore un long chemin à parcourir. Une peau de banane, par exemple, va pourrir et disparaître rapidement. Mais des matériaux fabriqués par l'homme, comme le plastique, mettent très longtemps à se dégrader. C'est pourquoi les décharges se remplissent vite et nous devons sans cesse trouver de nouveaux sites pour stocker nos déchets.

▶ Les feux de forêt causés par des détritus abandonnés, comme des bouteilles en verre ou des mégots de cigarette, peuvent être mortels. Les éteindre coûte également beaucoup d'argent. Ici, un hélicoptère largue de l'eau pour éteindre un incendie.

452 Abandonner une bouteille en verre dans un champ sec ou dans une forêt peut déclencher un incendie. Quand ils sont incurvés, les tessons (débris) de bouteille peuvent agir comme une loupe. S'ils concentrent la chaleur du soleil sur une zone d'herbe sèche, cela peut déclencher un feu.

INCROYABLE !

Les gens jettent beaucoup de détritus lorsqu'ils sont en voiture, parce qu'ils pensent pouvoir fuir rapidement ! Cependant les gouvernements créent de nouvelles lois pour limiter ces pratiques.

Pour résoudre le problème des chaussées maculées de chewing-gums collés, des scientifiques ont inventé le « Clean Gum », un chewing-gum biodégradable qui ne colle pas !

▶ Certaines personnes abandonnent leurs ordures n'importe où. Appelée « décharge sauvage », cette pratique a des impacts très néfastes sur l'environnement.

454 **Certaines personnes prennent la campagne ou d'autres lieux pour des décharges.** De gros objets comme des matelas, des réfrigérateurs ou des chariots de supermarché sont parfois jetés au bord des routes ou dans les rivières. Non seulement ils défigurent le paysage mais ils peuvent également libérer des substances toxiques en se dégradant.

▲ L'habitat naturel de ces canards est pollué par des bouteilles en plastique.

455 **Les lignes de pêche abandonnées près des rivières ou des lacs peuvent nuire à la faune aquatique.** En les mangeant, les plombs sur une ligne de pêche peuvent empoisonner les oiseaux aquatiques tels que les cygnes. Les gens qui vont pêcher doivent s'assurer de ne jamais oublier de matériel.

456 **Jeter ses ordures n'importe où peut avoir de graves conséquences.** Par exemple, les sacs en plastique laissés sur les plages, s'envolent vers le large ou sont emmenés par les marées. Quand ils se retrouvent dans nos mers, les tortues marines croient qu'il s'agit de méduses et les mangent. Elles meurent aussitôt, étouffées ! Assumer nos déchets (sacs en plastique, canettes, bouteilles…) est la moindre des choses que l'on puisse faire donc jetons-les dans des poubelles !

▼ Les filets de pêche laissés sur la plage ou près des côtes peuvent être dangereux pour les animaux marins. Ici, ce lion de mer s'est emmêlé dans un de ces filets et ne sait pas comment s'en débarrasser !

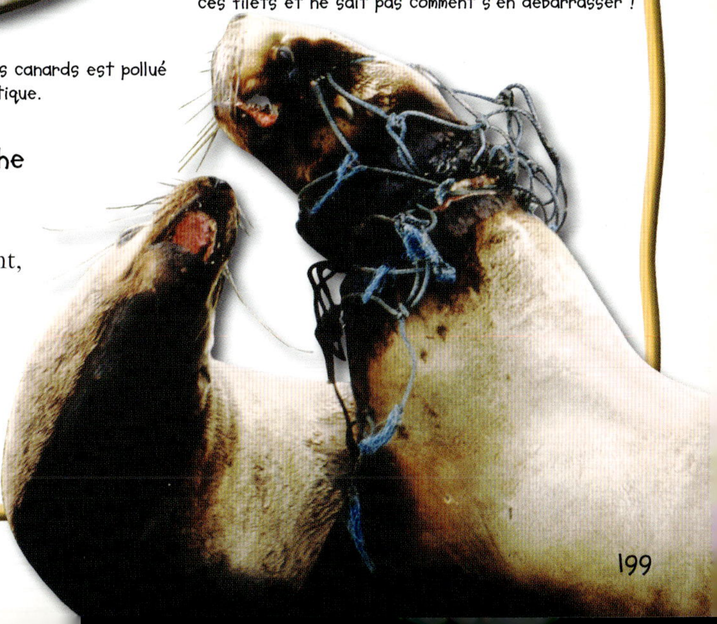

Que faire de nos ordures ?

457 **Nous pouvons réduire la quantité de déchets que nous produisons.** Avant de jeter un objet, par exemple, demandons-nous s'il ne pourrait pas plutôt être recyclé ou réutilisé. Évitons également d'acheter des choses que nous devrons jeter après une seule utilisation (vaisselle en plastique, lingettes ménagères…).

▲ Ce type de bac est utilisé pour fabriquer du compost.

FABRIQUE DU COMPOST

Fais un tas de déchets organiques (épluchures de fruits et de légumes, feuilles mortes, pelouse tondue…) dans un coin de ton jardin. Mélange-le et retourne-le régulièrement. Plusieurs mois sont nécessaires avant que ces déchets ne se décomposent et ne se transforment en compost. Quand il est prêt, c'est un engrais naturel que tu peux mélanger à la terre de ton jardin ou à celle de tes plantes en pot.

Le procédé du compostage

1. Faire un tas de détritus avec notamment des épluchures de fruits et de légumes, des sachets de thé, des feuilles mortes, des coquilles d'œufs, du marc de café…
2. De minuscules organismes, les bactéries, commencent à décomposer les détritus, ce qui provoque de la chaleur.
3. Les micro-organismes deviennent moins nombreux car la température baisse à cause des vers de terre qui aèrent les détritus en décomposition.
4. Les vers de terre se retirent. Le compost est un produit brun et humide qui sent la terre.

458 **Au lieu de jeter les épluchures de fruits et de légumes, mieux vaut les transformer en compost.** Lorsque les épluchures se décomposent, elles se transforment en un produit riche en humus, utilisé pour améliorer la qualité de la terre. Faire du compost nécessite un endroit à l'extérieur où entasser ses détritus. Mais il existe également des bacs spécialement réservés à sa fabrication.

459

Des millions de piles jetables finissent chaque année à la décharge. Elles mettent très longtemps à se décomposer et libèrent des produits chimiques dangereux. Mieux vaut utiliser des piles rechargeables, qui, une fois vides, peuvent être réapprovisionnées en énergie à partir du secteur, et réutilisées de nombreuses fois.

460

Choisir des objets réutilisables plutôt que des jetables permet de réduire la quantité de nos déchets. Serviettes, mouchoirs, nappes en papier, lingettes ménagères, couches jetables, assiettes en carton ou couverts en plastique sont tous des objets que nous n'utilisons qu'une seule fois. Il est plus écologique de se servir d'objets lavables et réutilisables (serviettes, nappes et mouchoirs en tissu, chiffons, vaisselle nettoyable…).

461

Les produits que nous achetons sont souvent enveloppés dans de multiples papiers et cartons. Nous jetons ces emballages inutiles immédiatement. C'est pourquoi il faut essayer de choisir des produits peu emballés voire pas du tout.

▼ Une grande partie de nos déchets est composée d'emballages qui ne nous ont servis à rien !

TEMPS DE DÉCOMPOSITION

Fruits et légumes	de 2 jours à 2 ans
Journaux	6 mois
Canettes métalliques	de 100 à 500 ans
Couches jetables	de 200 à 500 ans
Sacs en plastique	jusqu'à 1 000 ans
Bouteilles en plastique	de 100 à plus de 1 000 ans

Réduire la pollution

▲ Ce tracteur répand des produits chimiques sur les cultures pour les débarrasser des insectes nuisibles et des mauvaises herbes. Quand il pleut, ces produits toxiques sont entraînés en profondeur pour rejoindre ensuite les cours d'eau. Ils font de gros dégâts sur la faune et la flore sauvages !

462 Les grandes entreprises doivent réduire la pollution qu'elles génèrent. Des lois existent : elles leur interdisent de rejeter des produits chimiques dans la nature et limitent leurs émissions de gaz toxiques. Malheureusement, ces lois n'ont pas de véritable impact et ne sont pas toujours respectées ! Mais des associations de protection de l'environnement, comme Greenpeace, se battent pour que des lois plus sévères soient mises en place.

463 Les herbicides et les pesticides débarrassent les mauvaises herbes et les insectes parasites des plantes. Cependant, comme ces produits sont toxiques, ils tuent d'autres plantes et animaux, et polluent l'environnement. Éliminer à la main les herbes et les insectes nuisibles est un acte écologique.

► Ce tracteur utilise une autre méthode : il coupe les mauvaises herbes entre les cultures au lieu de répandre de l'herbicide. Cela permet de garder l'environnement plus propre.

Les gens se lavent plus souvent qu'ils ne le faisaient autrefois : ils utilisent davantage de savon. Ce phénomène où l'hygiène corporelle est devenue si importante a donné naissance à toute une gamme de produits peu écologiques...

▶ Certains fabricants proposent des boules réutilisables qui contiennent des billes de céramique naturelle et permettent de laver ses vêtements sans utiliser de lessive.

464 **Nettoyer sa maison peut salir la planète !** Les détergents sont des produits toxiques. Lorsqu'ils sont déversés dans les éviers, ils peuvent atteindre les réserves d'eau et les polluer. Il faut essayer d'en utiliser le moins possible ou de les remplacer par des produits naturels. Par exemple, un chiffon imbibé de vinaigre blanc est très efficace pour nettoyer les vitres !

465 **La peinture, les dissolvants et les vernis contiennent des produits toxiques.** Ces substances chimiques ne se dégradent pas naturellement lorsqu'elles sont jetées : elles polluent. Parfois, les communes récupèrent ces produits pour les réutiliser. Sinon, pour s'en débarrasser, le plus sage est de les amener dans une déchetterie.

466 **Les shampooings, les crèmes de beauté et le maquillage contiennent des produits polluants.** De plus en plus de personnes utilisent des fruits, des légumes ou des huiles naturelles pour fabriquer leurs propres produits de beauté. Écologique, c'est meilleur pour la santé ! L'huile d'olive, par exemple, est réputée pour ses propriétés hydratantes et adoucissantes.

▲ Les noix de lavage sont les fruits du Sapindus Mukorossis, ou arbre à savon. Elles contiennent une substance savonneuse naturelle, la saponine, que l'on peut utiliser pour laver les vêtements.

PRÉPARE UN BAIN DE PIEDS

Mélange :
1 cuillère à soupe d'avoine fine
1 cuillère à soupe de lait écrémé en poudre
Remplis une vieille chaussette propre avec le mélange obtenu et fais un nœud pour la fermer. Dans un récipient d'eau tiède, laisse-la tremper quelques minutes puis enlève-la. Mets tes pieds dans l'eau pendant 20 minutes.

La nature en danger

▲ Bien que protégés par des lois, les léopards et les tigres sont encore tués par des braconniers pour leur fourrure. Elle sert à fabriquer des sacs à main, des tapis, des manteaux...

467 **L'homme est à l'origine de l'extinction de nombreuses formes de vie sur Terre.** Pour construire des villes, des routes, des usines…, l'homme s'est approprié des territoires où vivaient des animaux et des plantes sauvages. Comme leur habitat a été envahi et détruit, ils ont commencé petit à petit à disparaître.

468 **Les déchets toxiques, les marées noires et les pesticides sont dangereux pour la nature.** Dans les années 1950, un insecticide, appelé DDT, était très utilisé pour éradiquer les parasites de nos cultures. Mais, de nombreux animaux furent touchés par ce poison. Par exemple, des oiseaux se mirent à pondre des œufs dont la coquille était si fine qu'ils cassaient facilement. Ne pouvant plus se reproduire, ils sont en voie de disparition.

▼ Cet oiseau est couvert du pétrole déversé par un pétrolier (un bateau transportant du pétrole). Si des oiseaux comme celui-ci ne sont pas nettoyés, ils finissent par mourir.

Certaines personnes massacrent des animaux protégés pour leurs os qui leur servent d'ingrédient de base pour certains remèdes de la médecine traditionnelle.

469

Non contents de détruire leur habitat naturel, certains hommes chassent la faune et la flore sauvages pour satisfaire leurs besoins. Les animaux sont traqués pour leur peau, leur viande voire certaines parties de leur corps (comme les défenses en ivoire des éléphants). Quant aux plantes, elles sont recherchées pour leur propriété ou leur rareté. Mais à force de les tuer, ces animaux et plantes finissent par disparaître.

◀ Ces gardes du parc national de Dzanga-Ndoki en République centrafricaine ont attrapé des braconniers en train de chasser des animaux protégés.

QUIZ

Que signifient ces mots ?
1. Éteinte – 2. Espèce – 3. En voie d'extinction – 4. Habitat

Réponses :
1. Disparue, qui n'existe plus.
2. Ensemble d'animaux ou de végétaux qui ont le même patrimoine génétique, vivent et s'accouplent exclusivement entre eux.
3. Qui risque de s'éteindre.
4. Environnement dans lequel vit une plante ou un animal.

470

Les activités humaines ont anéanti plusieurs espèces d'animaux et végétaux. Lorsqu'une espèce disparaît, on dit qu'elle est éteinte. Le grand pingouin, un oiseau marin, s'est éteint au milieu du XIXe siècle, victime de la chasse. Comme lui, de nombreuses espèces disparaissent ou sont en voie d'extinction, telles les tigres ou le gorille des montagnes.

▼ L'orang-outang est une espèce appartenant aux grands singes, très proche de l'espèce humaine. Elle est aujourd'hui menacée.

471

Lorsqu'une espèce risque de s'éteindre, on dit qu'elle est menacée d'extinction. Ce vocabulaire permet d'informer les gens sur les dangers encourus par certaines espèces animales et végétales. Ainsi, des lois sont votées pour protéger ces espèces contre les chasseurs et les collectionneurs.

Sauver les habitats

472 **Si nous voulons sauver la faune et la flore sauvages, nous devons préserver leur habitat.** Nous, les hommes, occupons de plus en plus de place sur la planète. Si nous ne réagissons pas, il ne restera bientôt plus d'endroits sauvages ! Nous devons réserver des territoires pour laisser les plantes et les animaux y vivre en paix.

▲ Ces manchots vivent en Antarctique. Leur habitat est la glace et l'eau gelée. Comme beaucoup d'animaux marins de cette région, ils sont touchés par le réchauffement climatique.

473 **Les voyagistes proposent de plus en plus de safaris « écologiques ».** Aujourd'hui, les touristes préfèrent aller voir les animaux et les plantes sauvages évoluer dans leur habitat naturel. Appelé l'écotourisme (ou tourisme vert), ce système contribue à préserver la nature !

474 **Les réserves naturelles et les parcs nationaux sont des endroits protégés pour les animaux et les plantes sauvages.** Les espèces animales et végétales peuvent y vivre en paix. Des hommes veillent à leur protection : pour ce qui est des animaux, ils les comptent et les préservent des braconniers.

► Des touristes dans une jeep s'approchent d'une troupe de lions dans une réserve naturelle en Afrique du Sud.

▲ Au fur et à mesure que la population humaine augmente, nous nous approprions de plus en plus de territoires.

476

Préserver les habitats naturels n'est pas toujours facile car nous avons, nous aussi, besoin d'espace. En 2008, environ 6,5 milliards d'hommes vivent sur Terre. Les experts estiment qu'on arrivera à 9 milliards d'ici 40 ans ! Le pays le plus peuplé du monde est la Chine. En 1970, le gouvernement a décidé de contrôler les naissances : un enfant unique par couple. Encore aujourd'hui, elle représente 20% de la population mondiale !

475

Tu peux aider à préserver les habitats naturels. Dans les endroits sauvages, laisse les pierres, les coquillages ou les fleurs à leur place. Visite des réserves naturelles, ton argent contribue à leur fonctionnement. N'achète pas de souvenirs faits à partir de coraux, ou d'autres plantes ou animaux, car cela encourage la chasse et la destruction des habitats naturels.

▼ Un plongeur regarde de loin un massif corallien qui abrite de nombreuses espèces de poissons, de crabes et de coquillages.

INCROYABLE !

La Tamise, à Londres, est 10 fois moins polluée qu'elle ne l'était en 1950. Grâce à la lutte contre la pollution, elle abrite plus de 100 espèces de poissons.

Dans les jardins

477 Si tu as un jardin ou un parc près de chez toi, observe toutes les espèces vivantes qui y habitent. Les jardins sont des endroits qui, même en ville, peuvent être sauvages. Ils représentent un bon habitat pour les plantes, les insectes et les petits mammifères.

◀ Ces boîtes sont conçues pour abriter des insectes volants, comme les abeilles par exemple.

▼ Les hérissons aiment se cacher sous les feuilles mortes. Si tu en as dans ton jardin, donne-leur des bouts de viande, des baies ou du fromage râpé mais surtout pas de lait... ce n'est pas bon pour eux !

478 Les animaux qui vivent dans la nature préfèrent les jardins non entretenus. Ainsi, ils peuvent aller comme bon leur semble, sans être vus. Dans ton jardin, laisse des endroits sauvages : des tas de feuilles mortes et des herbes hautes. Les araignées, scarabées, oiseaux et hérissons pourront s'y réfugier !

NOURRITURE POUR LES OISEAUX

Voici quelques idées d'aliments que tu peux donner aux oiseaux de ton jardin : du fromage râpé ; des raisins secs ; des graines de tournesol, de blé, de millet ; du beurre doux ; des fruits secs broyés ; des petits bouts de viande… Attention ! Évite de leur donner des aliments salés ou trop secs comme du pain rassis, des biscottes ou des cacahuètes salées car c'est très mauvais pour eux !

Les abeilles sont en train de disparaître ! Non seulement elles sont les proies de nombreux insectes et oiseaux mais elles sont également victimes des insecticides répandus dans les champs !

▶ Une mésange noire et un écureuil roux grignotent ensemble les fruits secs de cette mangeoire.

479 Tu peux aider les oiseaux sauvages à mieux passer l'hiver.

479 Tu peux aider les oiseaux sauvages à mieux passer l'hiver. À cette saison, il n'y a plus de baies et les insectes se font rares. Nourris les oiseaux en installant une mangeoire en hauteur (dans les arbres, par exemple) pour éviter que leurs prédateurs terrestres ne viennent les attaquer !

▲ La petite tortue est un papillon dont la chenille se nourrit principalement d'orties. Mais, adulte, il aime butiner les fleurs des « arbres aux papillons » (appelés aussi buddleia).

480 Les abeilles, les bourdons et les papillons se nourrissent du nectar des fleurs. Quand ils viennent s'en nourrir, ils récoltent aussi du pollen sur leurs pattes. Tout en butinant de fleur en fleur, ils le déposent et c'est ainsi que les plantes à fleur se reproduisent. On appelle cela la pollinisation. Mais, ces insectes sont tués par les pesticides que nous déversons et deviennent de plus en plus rares !

▶ Les tournesols sont excellents pour les animaux sauvages : son nectar est butiné par les insectes et ses graines nutritives sont mangées par les oiseaux.

481 Les buissons épais et épineux sont parfaits pour les oiseaux. Certains buissons, comme les ronces ou les aubépines, produisent des fruits (baies) dont les oiseaux se nourrissent. Épais et enchevêtrés, ce sont également des abris sûrs. Les oiseaux y construisent leur nid et se cachent de leurs prédateurs, comme le chat par exemple.

Sauver les espèces

482 Un peu partout dans le monde, on peut acheter des objets fabriqués à partir d'espèces animales menacées. Pourtant, il existe des lois censées protéger les plantes et les animaux mais elles ne sont pas toujours respectées. Dans certains pays, on peut encore trouver de l'ivoire, des peaux, des cornes ou des os qui viennent d'espèces menacées !

◀ Certains perroquets sont capturés quand ils sont petits et vendus comme animaux de compagnie.

483 Les oiseaux exotiques sont attirants mais ils peuvent provenir de capture illégale. Évite d'avoir un animal de compagnie peu courant comme, par exemple, un serpent tropical ou un perroquet car beaucoup sont des espèces menacées, capturées dans leur habitat naturel.

484 Tu peux, avec ta classe, aider un animal en voie d'extinction à vivre... comme le tigre. En payant une petite contribution, tu financeras le zoo ou la réserve qui s'occupe de l'animal. En échange, tu recevras des e-mails voire des photos t'informant de son état de santé. Les zoos et des organisations de protection de la nature peuvent te renseigner sur les démarches à suivre.

En chine, le dauphin du fleuve Yangtzi Jiang, appelé aussi baiji, est une espèce déclarée éteinte en août 2007. Il a disparu à cause de la pollution et de la surpêche dont il a été victime.

◀ Un bateau de Greenpeace (à gauche) affronte un baleinier japonais, le Nisshin Maru, dans l'océan Antarctique. Bien que beaucoup de pays aient décidé de ne plus chasser la baleine, certains le font encore. Mais, des ONG (organisations non gouvernementales), comme Greenpeace, tentent de les arrêter.

INCROYABLE !

Des millions de requins, dont des espèces menacées, sont tués pour leur chair et leurs ailerons. En Chine, on fait de ces ailerons une soupe de luxe très appréciée !

485 **Les hommes chassent encore les espèces menacées, même si c'est illégal.** De nombreuses personnes à travers le monde sont très pauvres ; ils chassent les tigres pour leur peau ou les requins pour leurs ailerons afin de les vendre à un bon prix. Les gouvernements doivent essayer de réduire cette pauvreté pour aider à la fois les hommes et la nature.

486 **Beaucoup de zoos et réserves naturelles tentent d'aider les animaux en voie d'extinction.** La plupart mettent en place des programmes de reproduction en captivité. Cela permet aux animaux menacés d'avoir des petits afin de faire perdurer l'espèce. Ce n'est pas toujours facile mais certains d'entre eux y arrivent et sont relâchés dans leur milieu naturel.

▼ En Chine, les pandas géants se reproduisent avec succès dans les réserves. Voici quelques-uns de leurs nouveau-nés !

Les forêts et l'agriculture

487 Chaque année, plus de 12 millions d'hectares de forêt disparaissent dans le monde. Cela représente plus de 1/5e de la superficie de la France ! Si ces forêts existaient encore aujourd'hui, plus de 20 % du CO_2 que nous rejetons auraient été absorbés. L'homme essaie de reboiser mais nous coupons les arbres bien plus vite qu'ils ne repoussent.

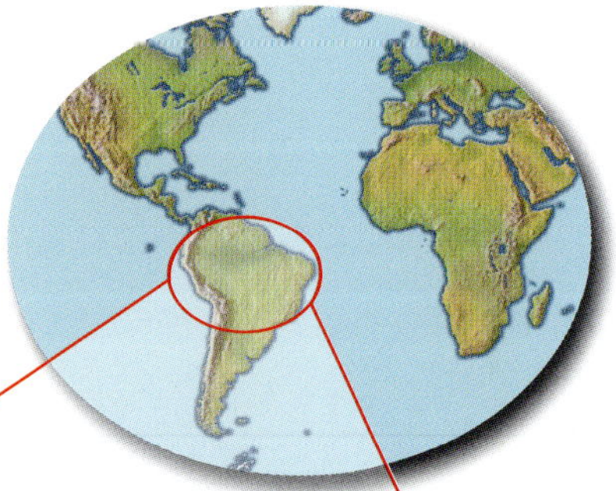

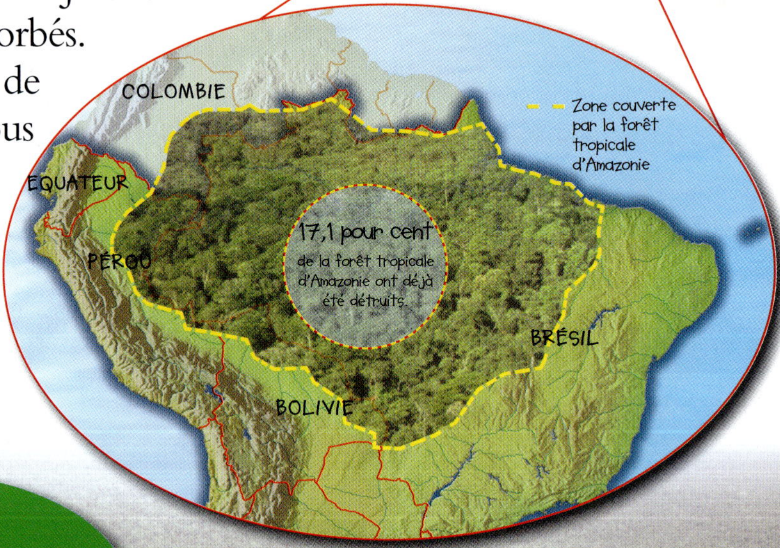

▲ Plus de la moitié de la forêt tropicale qui reste dans le monde se trouve en Amazonie, en Amérique du sud. Presque un cinquième de la forêt amazonienne a déjà disparu.

▼ Ce graphique montre les causes de la déforestation de la forêt amazonienne.

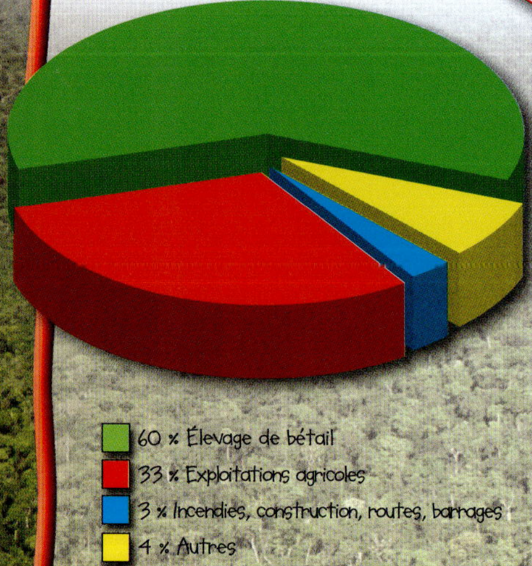

488 Pour sauver nos forêts, il faut réutiliser le bois. Plutôt que d'acheter des objets et des meubles en bois flambant neufs, procure-t'en d'occasion. Si tu décides tout de même d'en acheter des neufs, assure-toi qu'ils soient certifiés « gestion durable des forêts ». Cela signifie que l'on coupe les arbres tout en respectant les forêts.

Les racines des arbres maintiennent la terre en place. Quand on les coupe sur le versant des collines, le sol n'est plus retenu. Cela provoque des glissements de terrain et des éboulements qui peuvent être mortels !

▲ En Indonésie et en Malaisie, de grandes étendues de forêts ont été détruites pour laisser place aux plantations de palmiers à huile dont les fruits sont récoltés pour leur huile. Importés de manière intensive depuis 1960, on en trouve dans de nombreux aliments : margarine, chocolat, pâtes à tartiner et bien d'autres produits !

490

Plus de 10 % des continents de la planète sont exploités par les agriculteurs. Mais, nous en avons besoin pour manger des légumes ou des céréales mais aussi pour nourrir le bétail. Malheureusement, cela a un impact important sur l'écologie. La plupart des terrains cultivés sont utilisés pour un seul type de plante et tous les autres végétaux et animaux vivant sur ces terres n'ont plus d'habitat !

489

L'agriculture biologique permet de manger plus sain et d'être écologique. On n'utilise aucun produit chimique comme les pesticides et les engrais, nuisibles aux plantes sauvages, insectes et mammifères. En achetant de la nourriture et d'autres produits biologiques, nous contribuons à une planète plus propre.

INCROYABLE !

Pendant la préhistoire, les forêts recouvraient plus de la moitié des continents de la planète. Aujourd'hui, presque la moitié de ces forêts a disparu !

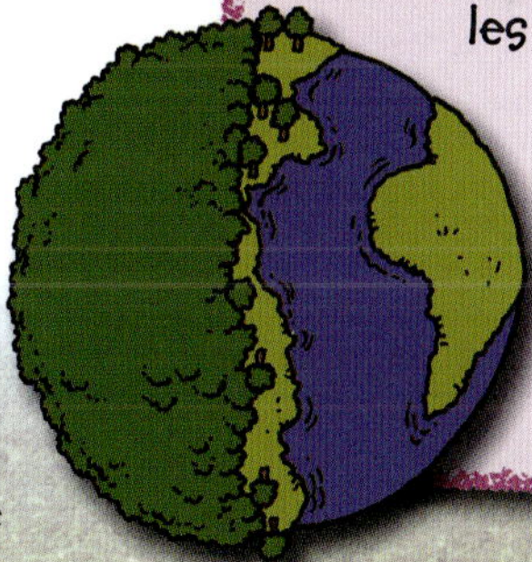

► Comme la plupart des fruits secs poussent dans les arbres, les cultiver nous évite de supprimer les forêts.

491

Consommer certains fruits secs peut aider à sauver les forêts. Les noix du Brésil, par exemple, poussent sur les arbres de la forêt amazonienne. Contrairement à leur nom, elles sont cultivées au Pérou ! En les achetant, ces arbres seront préservés plutôt que d'être coupés pour laisser place à d'autres cultures.

Qu'en est-il de nos océans ?

492 **Les mers et les océans couvrent près des trois quarts de la surface de la Terre.** La pollution déversée, le réchauffement climatique et la surpêche ont un impact énorme sur les hommes mais aussi sur les animaux et les plantes !

INCROYABLE !

Des terres habitées se trouvent sous le niveau de la mer ! Par exemple, un quart du territoire de la Hollande est dans ce cas. Pour éviter les inondations, on a construit des barrages et des digues.

493 **La pollution engendrée par l'agriculture, par certaines usines et habitations se déverse dans les rivières pour arriver finalement dans la mer.** Les végétaux et animaux marins en subissent les conséquences. On a trouvé de nombreuses substances toxiques dans l'organisme de bon nombre d'entre eux, et même des plus grands comme les requins ou les ours polaires !

494 **Avec le réchauffement planétaire, les terres près des côtes sont en danger :** Les marées sont plus fortes, les inondations et les tsunamis plus fréquents ! L'océan grignote ainsi plus de terres continentales et de grandes villes côtières pourraient se retrouver sous les eaux. La menace que représentent ces phénomènes est une des raisons pour lutter efficacement contre le réchauffement climatique, donc notre pollution !

◀ En Thaïlande, des panneaux donnent des mises en garde et des instructions à suivre lors de tsunamis. Le 26 décembre 2004, l'un d'eux a fait près de 5 400 morts. Malheureusement, les tsunamis (raz-de-marée) sont de plus en plus fréquents à cause du réchauffement planétaire.

Certaines ruines de cités, autrefois habitées par les hommes, sont sous la mer depuis des centaines d'années. Elles ont été enfouies, dans le passé lors de cataclysmes.

495 **Cela fait très longtemps que l'homme pêche.** Mais, autrefois, c'était le seul moyen de survivre pour ceux qui habitaient près des côtes. Aujourd'hui, nous capturons tant de poissons que certaines espèces sont menacées de disparition. On appelle cela la surpêche. Pour tenter d'y remédier, des lois donnent aux pêcheurs des limites (quotas) qui les autorisent à ne pêcher qu'une quantité bien précise de poissons.

▼ Des îles situées près du niveau de la mer, comme celle-ci dans les Fidji, pourraient être menacées de disparition si le niveau des océans montait.

▶ La morue est un poisson qui, comme beaucoup d'espèces, est victime de la surpêche dans certaines parties du monde.

496 **Les fonds marins contiennent du pétrole.** En effet, on y trouve ce combustible fossile – qui nous pollue tant – mais aussi d'autres minéraux. Les forages pour les extraire affectent la faune et la flore marines. Maintenant, les gouvernements commencent à faire des réserves naturelles en mer pour conserver les espèces animales et végétales (comme celles qui existent sur la terre ferme). À l'intérieur de ces réserves, il est interdit de toucher au fond sous-marin !

◀ Les plates-formes pétrolières, comme celle-ci, sont construites autour d'un forage géant qui perce le fond marin pour en extraire du pétrole.

Les ressources en eau

497 On utilise trop d'eau !

On utilise trop d'eau ! Issue de nappes souterraines, de lacs, de rivières et autres, elle est consommée plus vite qu'elle ne se régénère par les précipitations (pluie, neige…). Plus la population mondiale augmente, plus les besoins en eau sont importants…

▼ La plus grande partie de l'eau douce de la planète est gelée ! Le graphique ci-dessous montre la répartition de l'eau douce.

Calottes glaciaires et glaciers 76,5 %

Nappes phréatiques 22,90 %

Rivières et lacs 0,37 %

Sol 0,19 %

Atmosphère 0,04 %

498 L'eau va devenir un gros problème !

L'eau va devenir un gros problème ! Avec la pollution, certains pays subissent de grandes précipitations : la hausse des températures provoque la formation de nuages supplémentaires et donc plus de pluie. Ces inondations polluent les réserves d'eau potable. D'autres pays deviennent plus chauds donc plus arides, ce qui conduit à des sécheresses. Dans les deux cas, le réchauffement climatique conduit à des pénuries d'eau.

▲ Ce bateau est resté échoué dans la mer d'Aral en Asie centrale. Celle-ci s'assèche car son eau a été détournée pour irriguer les cultures.

Ne gaspille pas l'eau : ferme le robinet pendant que tu te brosses les dents ou quand tu te savonnes dans ta douche.

▶ Après une averse, ces villageois au Pakistan tirent ensemble l'eau d'un puits profond.

499 Dans certains pays, l'eau potable vient de la mer.

L'eau de mer est beaucoup trop salée pour être bue. Mais, dans des pays très secs, comme le Koweït, des usines dites « de désalinisation » existent. Elles extraient le sel de l'eau de mer pour la rendre potable. Ceci dit, ce procédé est coûteux et a besoin de beaucoup d'énergie ; ce n'est pas une solution à long terme.

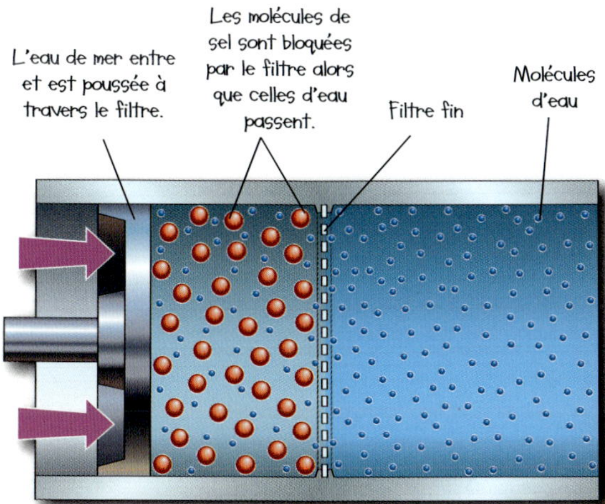

▲ Le sel est extrait de l'eau de mer selon un procédé appelé l'osmose inverse. En forçant l'eau salée à passer par un filtre fin, le sel reste bloqué. C'est ainsi que l'eau devient douce et potable !

500 Avoir un vrai jardin !

Certaines personnes recouvrent leur jardin de pavés ou de carrelage pour en faire une terrasse. Or, quand il pleut, l'eau ne peut plus pénétrer dans le sol et s'écoule sur la surface. Un jardin, constitué de plantes et de terre, permet à la pluie d'entrer en profondeur dans le sol et de remplir les nappes d'eau souterraine qui alimentent les puits et les sources (appelées nappes phréatiques).

▼ Vue aérienne d'une usine de désalinisation au Koweït.

Index

A

abeille euglossine 127
abeilles 209
abysses 82
acajou 137
agoutis 126
agriculture biologique 213
aigle des singes 139
albatros 84
albatros hurleur 110
Aléoutes 114
alerces 124
algues 195
aluminium 38
Amazone 44
Amazonie 124, 128
améthyste 38
ammonites 28
amphibiens 129
amplitude des marées 60
anémone de mer 62
anémone Isotealia 108
anémones de mer 65, 108
anguille de mer 66
Antarctique 89, 94, 108, 110
antipodes 88
ara macao 149
ara rouge 149
Arctique 89, 92, 94, 104, 114, 16
ardoise 30
argent 38
argile 26, 149
argilite 26, 30
arum titan 142
Atacama 41
atmosphère 8
atoll 59
atomes 183
attraction de la Lune 60
attraction du Soleil 60
attraction terrestre 13
aurores australes 91
aurores boréales 91
aurores polaires 91
avalanche 170
avions 185
axe de la Terre 12, 88, 90
aye-aye 135
Ayers Rock 20

B

bactéries 29
baguias 175
baie de Lituya 81, 163
baleine à six bosses 105
baleine bleue 70, 102, 106
baleine boréale 102
baleine franche 103
baleines 70, 72, 100, 102, 116
baleines à fanons 103
baleines grises 77, 105
Bangkok 196
banquise 89, 95
barrage de Grand Coulee 183
barrières de corail 56
basalte 15
bassins 58
Bates Henry 128, 150
batholites 17
Bathyscaphe Trieste 78
baudroie abyssale 82
bauxite 38
béluga 71, 102
bennes de collectes 190
bernache nonette 105
bernard-l'hermite 63
béryl 39
Bhola 175
billes de céramique 203
biocarburants 182
biodiversité 120
bioluminescence 82
blizzard 170
bœuf musqué 97
bois 152
bombes volcaniques 17
Bornéo 138
bouclier spatial 194
bourdons 209
braconniers 204
bradypes 140
branchies 66
bruit 197
brûlis 157
bus électriques 193

C

cabosses 153
cacaoyer 153
cacatoès des Philippines 154
cachalot 70, 105
calamars 106
calcaire 27, 31, 36
calcin 190
calotte glaciaire 95, 181
caméléons 148
cannes à sucre 152
canoës 117
canopée 121, 122, 140
caoutchouc 153
capucin moine 145
carambole 153
carapaces 27
caribous 93
carrelet 67
cascade 45, 46, 47
casoar 125
caverne du Souffle du dragon 51
Cavernes de Sarawak 21
cendre 16
centrales hydroélectriques 183
cerfs 97
Cerro de Pasco 33
cétacés 70
chaîne de l'Himalaya 32
Challenger Deep 78, 79
chambre magmatique 16
champ magnétique 88
champignons 148, 149
charbon 29, 182
chargeur solaire 193
Chaussée des géants 22
chauves-souris 144
chlorophylle 195
chocolat 153
Christmas Island 54
Chukchis 114
chutes de l'Ange 47
chutes de l'Iguaçu 47
chutes du Niagara 45, 46
chutes Victoria 45
cinclode fuligineux 111
clams 80
Clean Gum 199
colibris 147
Colomb Christophe 152
Colorado 45
colza 182
combustibles fossiles 182, 183, 184, 186

compost 200
compostage 200
cônes Ürgüp 23
conglomérat 26
Congo 136
conifères 93
continents 10, 15, 56
coq de roche 146
Costa Rica 140
couple alpha 99
crabes rouges 54
craie 27
crapauds-feuilles 150
cratères 11, 18
crevettes 154
croûte océanique 79
croûte terrestre 15, 30, 32, 34
cumulo-nimbus 166, 172, 173
cycle de l'eau 165
cyclone Frances 161
cyclones 174, 175

D

Darwin Charles 128
dauphin du fleuve Yangtzi Jiang 211
dauphins 70, 72, 103
DDT 204
De Orellana Francisco 130
décharges 198, 199
déchets 188, 190, 196, 198, 201
déchets radioactifs 183
déchets toxiques 204
décomposition 127, 201
défense 101
déforestation 156, 157
déforestation 212
delta du Nil 176
déluge 177
dendrobate kokoï 131
dermoptère 139
désalinisation 217
désert du Namib 40
désert du Sahara 40
déserts 40, 41
desmonema glaciale 108
détergents 203
diamant 39
dinosaures 29
dioxyde d'azote 184
dioxyde de carbone 180, 184, 185, 195
dioxyde de soufre 184, 197
dissolvants 203
dorsale atlantique 81
dorsales océaniques 79
dragon de mer 82
dune du Pilat 18
durians 142
Dust Bowl 179
dynamo 193
dynaste Hercule d'Amazonie 128

E

eau 216
eau douce 216
ébène 137
échelle de Richter 35
éclairs 166, 167
économiser l'énergie 186
écosystème 127, 157, 159
écotourisme 159, 206, 207
effet de serre 118
El Nino 178
élan 97
électricité 166, 167, 183, 186, 187
éléphant de mer 72, 106, 107, 111
éléphants 136
emballages 201
Embera 131
émeraude 39
énergie solaire 158
énergies alternatives 158
éoliennes 183
épices 153
épiphytes 141
éponges 63
Équateur 124
erg 40
érosion 61, 157
éruption 16
espèce éteinte 205
espèce menacée d'extinction 205
espèces menacées 210
essence 184
éthanol 152
étoiles 10
étoiles de mer 62
évents 80
Everest 32, 56
exocet 67

F

faille 19
famine 178
fanons 70
FAO 156
fer 13, 14
feux de forêts 198
fèves de cacao 153
figuiers étrangleurs 126
filons 38
fleuve Amazone 122, 128, 129, 130
Fleuve Colorado 18, 19
fleuve Congo 136
fleuve Murray 179
fonte des glaces 181
forage 215
force de Coriolis 172
force magnétique 185
forêt amazonienne 128, 156, 157
forêt boréale 93
forêt de Fiordland 133
forêt pétrifiée 21
forêt tropicale centrafricaine 136
forêt tropicale d'Amazonie 212
forêts 212
forêts de nuages 123, 125, 132, 138, 140
forêts tropicales 118, 119, 120, 122, 123, 124
forêts tropicales d'Asie 138
fosse des Mariannes 78, 80
fossile 27, 28
fou de bassan 84, 85
foudre 167
fourmis 151
fourmis coupe-feuilles 151
Franklin Benjamin 167
frégate mâle 85
fulgurites 167
fumerolles 42
fumeurs noirs 80

G

gangala 138
gasoil 184
gaz 16, 182
gaz à effet de serre 180, 182, 184
gaz toxiques 196
geckos 145

gentoo 112
géodes 38
gestion durable 159, 212
geysers 22, 42, 43
gibbons 145
glace 24, 169, 170, 171
glacier 94
glacier de Tortin 195
glacier Sermeq Kujalleq 115
glaciers 35, 133
gneiss 31
Gondwana 132
gorilles des montagnes 140
gouffre de Krubera-Voronya 37
Grand Canyon 18, 19, 45, 114, 115
Grand Nord 86, 96
grand pingouin 205
grande barrière de corail 56
Grande Ourse 89
grandgousier 83
Grands Lacs 49
grands singes 155
granite 15, 17
Greenpeace 202, 211
grêle 168
grêlons 168, 169
grenat 39
grenouille aux yeux rouges 121
grenouille des fraises 148
grès 26
grizzlis 124
Groenland 115
grotte de Sarawak 36
grotte du Cerf 21
grottes 36
Gulf Stream 57

H

harfang des neiges 96
heliconius melpomene 148
herbicides 202
herbivores 195
hérissons 208
hévéas 153
Himalaya 165
hippocampes 64
hirondelle de mer 76
homards 76
humus 127
hydroélectricité 183
hydrogène 192

I

icebergs 94, 95
igloo 116, 171
iguanes 74
iguanes verts 129
Île de Palawen 154
îles 59
Îles Fidji 215
inlandsis 95
inondation 176, 177
Inuits 114

J

jaguars 145
jardin 208
jour 12
Jourdain 48
jungles 122, 138

K

K2 32
Kalutura 163
kangourous arboricoles 132
Katrina 174, 175
kayaks 117
Kilimandjaro 19, 32
Kombai 133
Korowai 133
Koryaks 114
Krakatau 163
krill 70, 100, 106

L

La Paz 33
labbe de McCormick 111
labre nettoyeur 65
lac Baïkal 48
lac Crater 50
lac de Franklin D. Roosevelt 183
Lac du Loch Ness 49
lac Huron 50
lac Pontchartrain 175
lac Supérieur 48
lac Tahoe 195
lac Vostok 51
lacs 48, 50
lagon 59
lagopède 96
latex 153
lave 16, 17, 23, 38
lémuriens 134
lémurs catta 134
léopard de mer 106
lézard 74
lézards à collerette 132, 133
licorne de mer 103
lièvre arctique 92
ligne de faille 34
ligne de pêche 199
limon 26
lion de mer 199
loups 99
loutre de mer 73
louveteaux 99
Lune 11

M

macareux 85
Madagascar 134, 135
magma 17, 58, 88
magnitude 35
malaria 153
Mammoth Cave 36
mammouth 93, 171
manchot à jugulaire 112
manchot d'Adélie 113
manchot empereur 113
manchot impérial 112
manchot macaroni 112
manchot royal 113
manchots 112, 206
mangrove 123, 154
Manitoulin 50
manteau 14, 15
marécages 61
marées 60
mares de boue 42
mares littorales 62
méduses 108
Meghalaya 164
mer Caspienne 48
mer Morte 48, 49, 51, 57
mer Rouge 57
mérou 65
mers 214, 215
mésange noire 209
métaux 38
météorites 11, 18
méthane 194, 195

meute 99
migration 105
mille-pattes géants 135
mine de Naica 37
minerais 38
minéraux 31
Mines d'or 154
miroir géant 194
Mont Acongagua 33
Mont Blanc 33
Mont Fuji 23
Mont McKinley 33
Mont Thor 33
montagne de Naica 37
montagnes 30, 31, 32
montagnes à structure faillée 33
montagnes plissées 33
montagnes volcaniques 33
morpho menelaus 148
morphologie 58
morses 72, 73, 101
morue 215
mousson 165
mue 96
murène 65
mycètes 148
mygales de Leblond 150

N

narval 71, 102, 103
neige 170, 171
nénuphars géants 129
nepenthes rajah 143
nickel 14
Nil 44
noix de lavage 203
noix du Brésil 213
normes européennes 193
Nouvelle-Guinée 133
Nouvelle-Zélande 133
noyau 10
noyau externe 14
noyau interne 14
noyer du Brésil 126, 127
nucléaire 183
nuit 12

O

oasis 41
obsolescence planifié 190
océan Arctique 56, 94, 106
océan Atlantique 56
océan Austral 94
océan glacial Antarctique 94
océan Indien 56, 134
océan Pacifique 56
océans 56, 57, 58, 59, 78, 214, 215
oies des neiges 104, 105
oiseaux 209
oiseaux de paradis 146, 147
oiseaux exotiques 210
oiseaux marins 110
Old Faithful 43
onde de choc 34, 162, 167
ondes de Love 34
ondes de Raleigh 34
ondes primaires 34
ondes secondaires 34
or 38
orages 166
Orang Asli 139
orangs-outangs 138, 156, 159, 205
orbite 12
ordures 197, 198, 200, 201
orignal 97
ornithoptère de la reine Alexandra 121
orque 71, 103
osmose inverse 217
otarie 72
ouragan 172, 175
ours 98
ours blanc 98, 99
ours bruns 93
ours polaire 99, 181, 214
oursins 63
oxyde d'azote 197

P

palétuviers 61
palmiers à huile 213
palourdes 64
pandas géants 211
panneaux solaires 158, 183, 187
papier recyclé 189
papillon atlas 125
papillon malachite 148
papillon monarque 54
papillons 135
parc national des Virunga 140
parade 146
paradisier de Raggi 146, 147
paratonnerre 167
parc de Yellowstone 43
parc de Yosemite 19
parc national de Dzanga-Ndoki 205
parcs nationaux 206
paresseux 140
particules de sulfate 194
pêche 114, 215
peinture 203
pépite 38
permafrost 93
perroquets 210
perroquets gris du Gabon 136
pervenche de Madagascar 135
pesticides 202
Petite Ourse 89
petite tortue 209
pétrole 115, 182, 204, 215
phasmes géants 148
phoque à capuchon 100
phoque annelé 100
phoque barbu 100
phoque crabier 106
phoque du Groenland 100
phoque tacheté 100
phoques 72, 100, 101
photosynthèse 52, 195
Piccard Jacques 78
pierres 26
pierres précieuses 39
piles 201
pingouin papou 112
piranhas 124
plaine abyssale 79
plancher océanique 30
plancton 68, 103, 106
plantes carnivores 143
plaques tectoniques 15, 34
plates-formes pétrolières 215
pluie 164, 178
pluies acides 197
pogonophores 83
Pohutu 22
poisson à queue de rat 80
poisson-clown 64, 65
poisson-lion 65
poisson-lune 66

Index

poisson-perroquet 64
poisson-pierre 65
poissons volants 67
pôle Nord 13, 88, 89, 90, 91
pôle Sud 13, 88, 89
pôles 12
pôles magnétiques 88
pollinisation 209
pollution 188, 196, 202, 214, 216
pollution anthropique 196
pollution sonore 197
polype 55, 64
prédateurs nocturnes 144
pression 78
primates 155
protée 37
protéine antigel 109
pygmées 137

Q

quetzal 141
quinine 153
quinquina 153
quotas de pêche 215

R

radio dynamo 193
rafflesia 143
Rainbow Bridge 20
raz-de-marée 61, 162
réchauffement climatique 179, 180, 181, 194, 214
récifs coralliens 64, 65
recycler 190
refroidissement 11
reg 40
régalec 66
régions équatoriales 120
régions polaires 86
régions tropicales 120
relief 58
renard polaire 98
rennes 92
reptiles 74, 129
requin blanc 68
requin-baleine 52, 66
requin-marteau 69
requin-pèlerin 68
requins 211, 214
requin-tigre 68, 69
réserve de Monteverde 140
réserves naturelles 206, 207
rift 17
riftia pachyptila 80
rivières 44, 45
rocher d'Uluru 20
roches 10, 16, 17, 18, 20, 24, 25, 30, 31, 36
roches en fusion 30
roses des sables 41
rotation 12
roussettes 144

S

sable 26, 61
sacs en plastique 188
safaris écologiques 206
sagou 139
sagoutiers 139
sagre porte-feu 82
saisons 90
salinité 108
Salto del Angel 45
sangsues géantes d'Amazonie 129
savon 43, 203
sécheresses 178, 179
sédimentation 26
séismes 34, 35
sélénite 37
séquoias 122
serpent annelé 75
serpent de mer 75
serpent marin 75
serpents 75
serpents-lianes 144
Shabono 130
silex 27
silicium 183, 187
smog 196
société de consommation 190, 191
Soleil 10, 12, 13, 90
solstices 90, 91
source hydrothermale 79
sources chaudes 42
sous-bois 121
sous-marins 78
spéléologues 37
spermophile arctique 97
squalelet féroce 82
sterne arctique 104
Strokkur 43
substances chimiques 196
sucre 153
Sullivan Roy 167

T

taïga 93
takahé 133
talus continental 79
Tamise 207
Tangshan 35
tapir 120
Tapuyas 130
taupe 53
teck 137
températures 180
tempêtes de sable 173
tentacules 108
termites 56, 151
Terre 8, 10, 12, 13, 90
Tewkesbury 177
Titanic 95
tonnerre 167
topaze 39
tornades 165, 172, 173
Tornado Alley 173
tortue imbriquée 74
tortue luth 75
tortue verte 74
tortues couannes 77
tortues marines 199
toucan toco 120
toundra 92, 93, 96
Tour de Trango 33
tournesols 209
train à sustentation magnétique 185
tramways électriques 193
tremblement de terre 34
tremblement de terre sous-marin 163
trilobite 28
trombes marines 173
tsunamis 61, 162, 163, 214
Twa 137
typhon 172, 175
tyrannosaure 28

U

ursidés 98

V

vallée du rift 19
vase 26
veau marin 100
végétal 52
vent 35
verglas 170
vernis 203
verre 167
verre recyclé 190
vers géants 80
vipère de mer 83
vipères des buissons 125
vivaneaux à raies bleues 67
voitures 184
volcan en bouclier 16
volcan en cône 16
volcan Loihi 59
volcan Mazama 50
volcans 11, 16, 17, 22, 23
vortex 172

W

Wallace Alfred 128
Walsh Don 78
willy-willies 175
Wizard Island 50
WWF 155

Y

Yanomi 130
Yunnan 125

Z

zoos 210, 211